Heike Lemberger
Franca Mangiameli

DAS **NEUE** GROSSE LOGI® KOCHBUCH.

120 neue Rezepte – auch für **Desserts, Backwaren** und **vegetarische Küche.** Jede Menge LOGI-Tricks und die klügsten Alternativen zu Pizza, Pommes und Pasta.

INHALT UND REZEPTVERZEICHNIS.

Vorworte.

LOGI-Grundlagen.

Rezepte.

Snacks. Clevere Köstlichkeiten.

Suppen. Raffiniert und LOGI.

Salate. Leicht und kreativ.

Eierspeisen. LOGI fein in Schale!

Vegetarisch lässt es sich LOGI leben!

Warenkunde.

Auf der Mauer auf der Lauer ...

... Ste. Maxime, Juni 2008

Vorwort von Nicolai Worm. **Die LOGI-Methode wird immer bekannter und erfährt dabei auch in Fachkreisen immer mehr Anerkennung.**

Entscheidend für die Verbreitung von LOGI war nicht zuletzt die hohe Akzeptanz bei der Ärzteschaft. Wer heilt, hat Recht – auch wenn die Anwendung nicht der herkömmlichen Theorie oder Vorstellung entspricht. Erfolg setzt sich auf Dauer durch. Wer sich als Therapeut erst einmal mit dem LOGI-Konzept auseinandergesetzt und sich auch darauf eingelassen hat, wird meist schnell die günstigen Effekte erfahren haben. Dabei geht es nicht nur um das Abnehmen. Tatsächlich ist diese Ernährungsform auch dazu geeignet, Übergewicht abzubauen. Entscheidend ist bei LOGI aber, dass mit dieser Ernährungsumstellung krankhafte Stoffwechselwerte verbessert und damit die Gesundheitsrisiken bei Übergewichtigen gemindert werden, auch wenn man nicht abnimmt! Das ist der entscheidende gesundheitlich relevante Unterschied zwischen LOGI und den herkömmlich empfohlenen fettarmen, kohlenhydratbetonten Ernährungsweisen. Und bei LOGI gelingt das noch dazu mit einer sehr viel schmackhafteren Küche!

Das erste LOGI-Kochbuch von Franca Mangiameli, mit ihren Eigenkreationen und den vielen Beiträgen bekannter Sterne-Köche, hat die kulinarischen Vorzüge sehr deutlich aufgezeigt. Das »Grüne« wurde zu meiner Freude zu einem großen Erfolg.

Selbst ich, der ich doch gar keinen Anteil am Gelingen hatte, bekomme heute noch zahlreiche persönliche Rückmeldungen von Lesern, aber auch von Ärzten und Patienten, die sich mithilfe des LOGI-Kochbuchs einfacher in der täglichen Ernährungspraxis zurechtfinden konnten und können.

Natürlich sind andererseits in den letzten Jahren auch zahlreiche Anmerkungen und Fragen zur Praxis an mich und die LOGI-Trainer gerichtet worden. Die Anfragen nach Alternativen zu Brot und Backwaren und zu den etablierten stärkereichen Sättigungs-

VORWORTE.
TOPFIT IN DIE 2. RUNDE!

beilagen stehen dabei immer im Vordergrund. Meine geschätzten Kolleginnen Franca Mangiameli und Heike Lemberger, die sich in den letzten Jahren eingehend dem LOGI-Konzept in Beratung von Patienten und Ausbildung von Fachkräften gewidmet haben, konnten diesbezüglich reichlich Praxiserfahrung sammeln. So lag es nahe, dass sie diese in ein weiteres LOGI-Kochbuch einbringen. Als sie mir erzählten, dass sie gerne ein neues, noch praxisrelevanteres Kochbuch schreiben und dabei auch noch die Erfahrung von Teilnehmern aus dem LOGI-Forum im Internet einbeziehen wollten, war ich gleich Feuer und Flamme. Und die Vorstellung, sich in meinem Refugium in Südfrankreich gemeinsam einzufinden, um dort zu recherchieren und in der Küche zu experimentieren und um mich als Versuchskaninchen verköstigen zu lassen, behagte mir dabei außerordentlich.

Der Plan wurde prompt umgesetzt, und der gemeinsame Aufenthalt im Land der kulinarischen Hochkultur wurde zu einem großen kreativen Spaß. Ich glaube, dass sich die sonnige Stimmung und der mediterrane Erfindungsgeist in diesem Buch eindrücklich niederschlagen. Und wie die Fütterungsversuche an mir und die heroischen Selbstversuche der Köchinnen belegt haben, kann man sich mit den hier vorgelegten Rezepten ohne schlechtes Gewissen schlank schlemmen. Dabei wird auch noch einmal deutlich, dass ich nicht zufällig LOGI schon öfter als »modifizierte mediterrane Ernährung« bezeichnet habe, in die alle Vorzüge der Mittelmeerküche einbezogen sind, aber die heute meist unsinnigen, überflüssigen und schädigenden hohen Stärke- und Zuckeranteile reduziert sind.

So durfte ich zufrieden feststellen: Noch nie war LOGI so lecker! Deshalb wünsche ich Franca und Heike, dass das neue Kochbuch wieder zu einem großen Erfolg wird.

Nicolai Worm

Südfrankreich im Winter 2008/2009

Auf die Töpfe, fertig, los...

Vorwort von Franca Mangiameli. Vier Jahre ist es nun her, als Nicolai Worm mich fragte, ob ich »Das große LOGI-Kochbuch« schreiben könnte. Eine große Ehre für mich und gleichzeitig eine spannende Aufgabe, die ich dankend annahm.

Das Kochbuch ist seit drei Jahren auf dem Markt, mittlerweile schon in der zweiten Auflage erhältlich. Dass das erste LOGI-Kochbuch ein solcher Erfolg wird, hätte ich mir damals niemals erträumen lassen. Stundenlang standen meine liebe Mama Maria und ich in der Küche und kreierten Farinatas in allen Variationen, probierten Ricotta-Gnocchis und entwickelten in unzähligen Backversuchen die »LOGI-Taler«. Nicht nur meine Wenigkeit war damit dem LOGI-Kochwahn endgültig verfallen, ebenso meine Mama und all meine Freunde, die ein LOGI-Gericht nach dem anderen testen mussten. Aber ich denke, es gibt schlimmere Strafen im Leben, als täglich bekocht zu werden.

Dass LOGI funktioniert, erlebe ich nicht nur laufend in der Ernährungsberatung an meinen Klienten. Auch im LOGI-Forum finden sich zahlreiche positive Erfahrungsberichte von Personen, die mit LOGI toll abgenommen oder damit einen Typ-2-Diabetes erfolgreich in den Griff bekommen haben. Aber neben diesem regen Erfahrungsaustausch unter LOGIanern finden sich im Forum eine Fülle von tollen Rezepten von LOGIanern für LOGIaner. Der Kreativität sind dabei keine Grenzen gesetzt – vom bodenlosen Paprikakuchen, über Kohlrabischnitzel und Low-Carb-Kartoffelsalat bis zu den LOGIschen Weihnachtsplätzchen ist alles dabei, was das Herz begehrt. Und eben wegen dieser Kochkreativität vieler Forum-User ist die Idee für ein neues großes LOGI-Kochbuch entstanden. Denn was kann realitätsnäher und praxisorientierter sein, als Tipps und Rezepte von den Menschen, die LOGI in ihren Alltag einbinden und damit auch erfolgreich sind? An dieser Stelle möchte ich mich bei all jenen bedanken, die Rezepte für dieses Buch eingereicht haben.

VORWORTE.
TOPFIT IN DIE 2. RUNDE!

Mit der Idee im Koffer sind meine Kollegin Heike Lemberger und ich nach Südfrankreich geflogen. Dort haben wir uns im Haus von Nicolai Worm eingenistet, um in Ruhe das große neue LOGI-Kochbuch zu schreiben. Und natürlich hat uns Frankreich, als Land kulinarischer Hochgenüsse, bei der Entwicklung der Rezepte inspiriert. Unser Frankreichaufenthalt wurde zwischendurch auch durch die Anwesenheit von Nicolai Worm bereichert. Vor allem musste einer ja unseren kulinarischen Experimenten zum Opfer fallen. Wobei wir seinen genüsslichen Lauten beim Essen »Mmmmmh, das schmeckt wie bei Mama« entnehmen konnten, dass er gerne Opfer war und für drei Wochen auch blieb. Wir kochten täglich mindestens zweimal, nicht selten mehrere Gerichte. Heike und ich nutzten unser Kochbuchprojekt in Frankreich jeweils für ein Selbstexperiment: Heike, die eine leidenschaftliche Marathonläuferin ist, wollte herausfinden, wie sich eine kohlenhydratarme Ernährung über einen längeren Zeitraum auf ihr tägliches Lauftraining und damit auf ihre Leistungsfähigkeit auswirkt. Ergebnis: LOGI und Sport passt bestens, aber mehr dazu in ihrem Vorwort. Mein Selbstexperiment dagegen bestand darin, mithilfe eines täglich geführten Ernährungstagesbuchs herauszufinden, wie viele Kalorien ich trotz der großen Nahrungsmenge aufnehme.

Und das war aufgrund unseres Kochwahns nicht gerade wenig, zumindest im Sinne des Nahrungsvolumens. Und Nicolais Aufgabe war, alles zu probieren und uns natürlich zu loben, damit wir auch am Ball bleiben. Obwohl ich mich täglich fühlte, als würde ich jeden Moment aus den Nähten platzen, so viel haben wir täglich gekocht und gegessen, erreichte ich an keinem Tag mehr als 1.700 Kalorien. Die verzehrte Kohlenhydratmenge lag zwischen 70 Gramm und 80 Gramm pro Tag (entspricht 20 Prozent der Gesamtenergie). Das ist alles nicht besonders viel, vor allem unter dem Gesichtspunkt, dass es sich ganz klar um eine kulinarische Ausnahmesituation handelte. Zum Vergleich: Bei einer kohlenhydratbetonten Kost würde ich bei gleicher Energiezufuhr an die 230 Gramm Kohlenhydrate essen, sprich 55 Prozent der Gesamtenergie. Das Ergebnis gibt uns Recht: Trotz täglichen Schlemmens sind wir alle drei mit unserem Frankreich-Startgewicht nach Hause zurückgekehrt. Unser Experiment unterstreicht also wiederum, dass LOGI funktioniert, wenn man es richtig macht: Viel Volumen, viele Ballaststoffe und viel Eiweiß sorgen für eine gute Sättigung und lang anhaltende Sattheit bei gleichzeitig geringer Energiezufuhr. Mit LOGI kann man sich also satt essen, ohne zwangsläufig in eine positive Energiebilanz zu rutschen.

Ich wünsche Ihnen mit den Rezepten aus diesem Kochbuch genauso viel Genuss und Erfolgserlebnisse, wie wir sie bei der Rezeptentwicklung hatten.

Franca Mangiameli

Gießen im Winter 2008/2009

Südfrankreich, 2008

Vorwort von Heike Lemberger. **Seit zwölf Jahren arbeite ich in der Ernährungsberatung im Institut für Sport- und Bewegungsmedizin an der Universität Hamburg. Das Institut betreut neben Leistungssportlern auch Freizeitsportler sowie Personen, die ihren Gesundheitszustand überprüfen lassen.**

Diese treiben oftmals kaum Sport, und ihr Anliegen im Beratungsgespräch besteht meistens in einer Gewichtsreduktion. »Ich esse fettarm, und trotzdem nehme ich nicht ab«, ist wohl seit Jahren der von mir am häufigsten gehörte Satz. Da stellt sich natürlich die Frage, warum jene Personen partout nicht abnehmen. Essen sie vielleicht doch zu viel, wird die Kalorienaufnahme unterschätzt oder passt die Ernährungsweise nicht zu ihrer Lebensweise? Im Jahr 2000 las ich Nicolai Worms Buch »Syndrom X – Ein Mammut auf den Teller!«, in dem er einen ganz anderen Ansatz darstellt. Seine eingängige, hervorragend recherchierte und wissenschaftlich belegte Grundthese: Kohlenhydrate fördern Übergewicht, Eiweiß macht schlank. Ich war neugierig und stellte mein Beratungskonzept versuchshalber um. Von nun an gab es mehr Gemüse, Salat, Fleisch, Eier, Fisch, Meerestiere sowie Hülsenfrüchte und weniger Beilagen wie Nudeln, Reis, Kartoffeln auf dem Teller. Schnell war der Erfolg bei den Klienten messbar und zu sehen. Nicht nur, dass viele deutlich abnahmen, die Blutwerte verbesserten sich ebenso, selbst wenn die Gewichtsabnahme nicht besonders groß war, und das allgemeine Wohlbefinden stieg an. »Ich bin satt.« »Ich habe keinen Heißhunger auf Süßes mehr.« »Ich muss keine Cholesterintabletten mehr nehmen.« Solche und ähnliche Aussagen meiner Klienten untermauerten den physiologisch sinnvollen Ansatz dieses Ernährungskonzepts.

Von da an übernahm ich das LOGI-Konzept routinemäßig in meine Beratung, vor allem bei Übergewicht und Stoffwechselstörungen. Hunderte Male habe ich nun den zum Teil zunächst skeptischen Klienten erklärt, warum die LOGI-Methode für uns moderne Menschen geeignet, warum sie gesund ist und wie sie sogar die Leistungsfähig-

VORWORTE.
TOPFIT IN DIE 2. RUNDE!

keit fördert. Neben der Theorie runde ich meine Beratung immer durch eine Menge praktischer Tipps für den Alltag ab. 2007 habe ich das Ernährungsprogramm »LOGI online2« entwickelt. Um es verbraucherfreundlich zu gestalten, interessierten mich vor allem Praxiserfahrungen von Personen, die nach LOGI leben und damit erfolgreich sind. Aus diesem Grund habe ich mich ins LOGI-Forum eingeloggt und recherchiert. Der rege Austausch der LOGIaner beeindruckte mich, insbesondere, als ich in der Kategorie »Rezepte« stöberte. Um Vorteile der LOGI-Methode weiteren Personen zu vermitteln, finde ich es wichtig, erfahrene LOGIaner zu Wort kommen zu lassen. Was macht LOGI glaubwürdiger, als deren Mitwirken in Form von Erfahrungsberichten, Rezepten und Tipps? So starteten meine Kollegin Franca Mangiameli und ich im Mai 2008 einen Online-Aufruf: »Jetzt kochen wir. Reichen Sie Ihre Rezepte ein!« Im Juni und im August 2008 fuhren wir nach Südfrankreich, wo wir unser Kochbuchprojekt in aller Ruhe umsetzten. Sowohl für die eingereichten als auch für die von uns kreierten Rezepte berechneten wir die Nährwerte, gingen einkaufen, kochten alles nach und optimierten die Gerichte nach den LOGI-Regeln. Daneben suchten wir das Forum nach weiteren spannenden und einfachen Rezepten ab, die wir uns wiederum zur Veröffentlichung freigeben ließen.

Auch ich habe wie Franca ein Selbstexperiment durchgeführt. Als leidenschaftliche Läuferin war ich neugierig, ob und inwiefern sich meine sportliche Leistungsfähigkeit unter konsequenter LOGI-Kost verändern würde. Gemäß Fachgesellschaften verringert sich die Leistung durch eine kohlenhydratarme Kost. Das widerspricht aber einzelnen Forschungsergebnissen sowie Erfahrungsberichten von Sportlern. Fachgesellschaften empfehlen für sportliche Menschen eine kohlenhydratreiche Kost mit mindestens 50 Energieprozent in Form von Kohlenhydraten. Ihre Begründung: Diese stellt am effizientesten Energie für körperliche Aktivitäten zur Verfügung. Für mich würde das bei einer Kalorienzufuhr von 2.200 Kalorien eine Aufnahme von rund 300 Gramm Kohlenhydrate pro Tag bedeuten. In meinem Experiment wollte ich ausprobieren, wie meine Leistung sich unter LOGI-Bedingungen verändert: Täglich aß ich weniger als 100 Gramm Kohlenhydrate und lief in aller Früh' zehn bis zwölf Kilometer in höheren Intensitäten. Dies entspricht einem sportlichen Bereich, in dem man hauptsächlich Kohlenhydrate verbrennt. Das Küstengebiet Südfrankreichs ist nicht so flach wie Hamburg, die meisten Strecken gingen bergauf und -ab. Nach dem Laufen gab es Eier oder Quark mit Früchten, mittags und abends zwei LOGI-Gerichte, die teilweise im Kochbuch zu finden sind. Ich war richtig gespannt, wie sich meine Leistungsfähigkeit entwickeln würde. Die ersten vier bis fünf Tage fühlte ich mich gut. Dann folgten Tage, an denen ich mich unter hohen Belastungen ein wenig schlapp fühlte, sodass ich die Geschwindigkeit drosseln musste. In der Zeit habe ich mich weiterhin kohlenhydratarm ernährt, denn der Stoffwechsel benötigt Zeit, sich umzustellen. Nach etwa einer Woche war es dann auch so weit. Ich verspürte eine besondere Leichtigkeit beim Laufen. Die Berge kamen mir nicht mehr so steil vor, kraftvoll lief ich die Strecke entlang, und ich hatte das Gefühl, besser Luft zu bekommen. Ich fühlte mich leistungsfähiger! Nun bin ich keine Leistungssportlerin, aber die Erfahrung, dass LOGI auch für ambitionierte Freizeitsportler eine sinnvolle Ernährungsweise sein kann, habe ich dennoch gemacht.

Heike Lemberger

Hamburg im Winter 2008/2009

Das neue große LOGI-Kochbuch.

Das LOGI-Forum auf der Website www.forum.logi-methode.de bietet Menschen mit Normalgewicht, Gewichtsproblemen, Diabetes und anderen Stoffwechselerkrankungen die Möglichkeit, sich regelmäßig über die Umsetzung der LOGI-Methode auszutauschen, sich gegenseitig zu unterstützen und zu motivieren sowie Interessierten tolle Rezepte und alltagstaugliche Tipps zur Verfügung zu stellen. Das Forum existiert seit 2005 und zählt mittlerweile über 4.000 registrierte Mitglieder. Das Besondere an diesem Kochbuch ist, dass einige der Forum-Mitglieder und andere LOGI-Begeisterte ihre Rezepte samt ihrer Erfahrungsberichte zur Verfügung gestellt haben. Ihre Motivation war meist, dass sie mit dieser Methode gute Erfahrungen gemacht haben und sie diese an andere Menschen weitergeben möchten. Mit unserem Aufruf im LOGI-Forum starteten wir im Mai 2008 dieses Projekt. Wer wollte, konnte bis zu drei Rezepte sowie einen Erfahrungsbericht einreichen. Tolle LOGI-Storys und rund 70 Rezepte erhielten wir auf diesem Weg. Alle Rezepte haben wir überprüft, nachgekocht, verkostet und anschließend die Nährwerte optimiert. Die besten 30 Rezepte haben wir schließlich in dieses Kochbuch aufgenommen.

Viele Alternativen für Brot, Pasta und Co.

Wie wir während unserer Recherche festgestellt haben, sind viele LOGIaner auf der Suche nach Kohlenhydratalternativen. »Darf ich nie wieder Brot oder Nudeln essen?«, ist eine der am häufigsten gestellten Fragen. Damit war es uns ein besonderes Anliegen, Rezepte zu entwickeln, die eine LOGIsche Alternative zu den klassischen kohlenhydratlastigen Gerichten wie Brot, Pizza, Nudeln, Kuchen et cetera darstellen. So bietet dieses Kochbuch Gerichte wie Pommes, Käsespätzle, Ricotta-Klöße, Sushi oder Donauwellen in LOGIschen Varianten. Zu jedem dieser Rezepte haben wir den angewendeten LOGI-Trick beschrieben. Und wir verraten gerne, wie groß der dadurch erzielte Kohlenhydrat-Spareffekt gegenüber dem Originalgericht ausfällt.

Auch für Vegetarier!

In Vorträgen und in der Ernährungsberatung werden wir sehr häufig mit der Frage konfrontiert, ob LOGI denn auch für Vegetarier umsetzbar ist. Die Antwort lautet ganz klar: Ja! Die Basis der Ernährung nach LOGI bilden Gemüse und Salat. Als alternative Eiweißquellen zu Fleisch oder Fisch können Eier oder Milchprodukte sowie Hülsenfrüchte und daraus hergestellte Sojaprodukte wie Tofu verzehrt werden. Und dass man aus diesen Lebensmitteln eine ganze Menge zaubern kann, zeigen wir in diesem neuen großen LOGI-Kochbuch mit 60 vegetarischen Rezepten.

LOGIsch und kostengünstig.

»LOGI ist zu teuer und für viele nicht umsetzbar«, ist noch so ein verbreitetes Vorurteil, mit dem wir in diesem Kochbuch aufräumen. Für jedes Rezept haben wir die Kosten pro Portion ermittelt. Lesen Sie selbst, wie günstig Sie nach LOGI essen.

WARUM LOGI?
IST DOCH LOGISCH!

Warum LOGI? Ist doch LOGIsch!

Übergewicht und Volkskrankheiten wie Diabetes nehmen stetig zu. Die Ursachen sind vielfältig. So spielen Gene, Lebensstil, Erziehung, die modernen Ernährungsformen in den Industrieländern, aber möglicherweise auch anerkannte Ernährungsleitlinien eine entscheidende Rolle. Danach wird pauschal eine kohlenhydratbetonte Kost mit viel Brot, Nudeln und sonstigem Getreide empfohlen. Fett und Eiweiß dagegen sollen nur in Maßen verzehrt werden. Vor allem Fett wird als Dickmacher Nummer eins tituliert. Doch inwieweit sind diese Empfehlungen überhaupt haltbar?

Eine Reise in die Vergangenheit auf der Suche nach einer Antwort.

120.000 Generationen der Menschen waren als Jäger und Sammler unterwegs. Erst seit 500 Generationen sind der Ackerbau und die Viehzucht bekannt. Gerade mal in der zehnten Generation genießen wir die Annehmlichkeiten der industriellen Revolution. Den Luxus des Computerzeitalters kennt erst die heutige Generation. Das bedeutet, 99,5 Prozent der Menschheitsgeschichte verbrachten wir als Jäger und Sammler. Im Vergleich dazu vollzog sich die weitere Entwicklung bis heute wie ein Wimpernschlag. Es ist zwar nur eine These, die nie belegt werden kann, aber es spricht vieles dafür, dass wir keine genetische Ausstattung dafür haben, dauerhaft ohne Bewegung mit überkalorischer und mit zucker- und stärkereicher Ernährung problemlos umgehen zu können.

Kohlenhydrate – nichts für Bewegungsmuffel mit Bauchfettansatz.

Schaut man sich genauer an, welche Stoffwechselreaktionen der Verzehr von Kohlenhydraten in unserem Körper aktiviert, wird schnell klar, dass Kohlenhydrate bei Überernährung und Bewegungsmangel – und damit bei Insulinresistenz – für unsere altmodischen Gene problematisch sind. Insbesondere Bewegungsmuffel mit Bauchfettansatz sollten vorsichtig sein, denn der üppige Verzehr stärke- und zuckerreicher Lebensmittel fördert bei ihnen das Hungergefühl sowie die Entstehung von Übergewicht und die Entwicklung ernährungsabhängiger Erkrankungen.

Das Hungergefühl.

Nach einer kohlenhydrathaltigen Mahlzeit steigt der Blutzucker an. Insulin wird produziert, um diesen wieder auf den Ausgangswert zu senken. Ist die Blutzuckerwirkung durch das kohlenhydrathaltige Lebensmittel jedoch sehr stark, produziert der Körper einen Insulinüberschuss, mit der Folge, dass der Blutzucker unter den Ausgangswert gesenkt wird. Wir fühlen uns unterzuckert und bekommen schnell wieder Appetit auf weitere kohlenhydratreiche Lebensmittel. Testen Sie es selbst aus: Wie fühlen Sie sich, nachdem Sie morgens eine Scheibe Toast mit Marmelade gefrühstückt haben? Sie werden höchstwahrscheinlich ein knurrendes Grummeln in der Magengegend vernehmen und möglicherweise auch etwas zittrig sein. Damit es Ihnen besser geht, werden Sie wahrscheinlich zu einer zweiten Scheibe Toast mit Marmelade greifen. Der Kohlenhydrat-Teufelskreis hat Sie somit perfekt im Griff.

Die Entstehung von Übergewicht.

Kohlenhydrate locken Insulin. Dieses Hormon hemmt den Fettabbau in den Muskeln und fördert die Fetteinlagerung im Fettgewebe. Insulin verdient somit die Bezeichnung »Masthormon«. Isst man Kohlenhydrate zusammen mit Fett, etwa Sahnetorten, Pommes, Croissants et cetera, ist der dick machende Effekt noch größer. Denn zum einen wird das Insulin durch den gleichzeitigen Fettkonsum langsamer abgebaut, wodurch der Insulinspiegel länger erhöht bleibt und somit die Fettverbrennung über Stunden gehemmt ist. Zum anderen liefern Gerichte beziehungsweise Lebensmittel, die Stärke oder Zucker und Fett gleichzeitig enthalten, zum Beispiel ein Brot mit Butter und Käse, eine hohe Energiedichte.

Fazit: Je mehr Kohlenhydrate Sie mit der Nahrung aufnehmen, desto weniger Fett werden Sie verbrennen. Obendrein wandelt der Körper all den Zucker, den er nicht verbrennen kann, ebenfalls in Fett um.

Die Entwicklung ernährungsabhängiger Erkrankungen!

Bei Menschen mit Übergewicht beziehungsweise Bauchfettansatz und Bewegungsmangel bewirken kohlenhydratreiche Speisen eine sehr hohe Insulinausschüttung. Die Insulinkonzentration kann dann schon mal 5- oder 10- oder 15-mal höher sein als bei schlanken und fitten Menschen nach der gleichen Mahlzeit. Das stresst die Bauchspeicheldrüse gewaltig. Mit der Zeit lässt ihre Insulinproduktion nach, wodurch der Zucker nicht mehr aus dem Blut in die Zellen gelangt und hohe Blutzuckerwerte die Folge sind. Das Risiko, durch Kohlenhydratmast an Diabetes zu erkranken, ist bei dieser Zielgruppe also sehr viel höher als bei schlanken bewegungsaktiven Menschen. Aber auch die Gefahr, durch erhöhte Entzündungswerte und Verschlechterung der Blutfette an Arteriosklerose zu erkranken, ist viel höher. Darüber hinaus steht eine Ernährung mit hoher Zufuhr von Kohlenhydraten mit starker Blutzuckerwirkung als ein erhöhtes Magen-, Darm-, Brust-, Prostata- und Pankreaskrebsrisiko im Verdacht. Und auch die Leber braucht keinen Alkohol, um fett zu werden. Die Überflutung mit Kohlenhydraten hat den gleichen Effekt, das macht man sich zum Beispiel bei der Herstellung von Gänsestopfleber zunutze. Die Gänse werden hierbei mit reichlich Kohlenhydraten gestopft, um eine möglichst zarte fette Leber zu bekommen. Dieser Mechanismus funktioniert auch beim Menschen.

WARUM LOGI?

IST DOCH LOGISCH!

LOGI ist eine »moderne« Ernährung, die zu unseren alten Genen passt. LOGI steht für »Low Glycemic and Insulinemic Diet«, auf Deutsch: Ernährungsmethode mit nur geringer Wirkung auf Blutzucker- und Insulinspiegel.

Sie spricht primär Menschen mit Übergewicht und Insulinresistenz beziehungsweise Kohlenhydratstoffwechselstörungen an. Charakteristisch für die LOGI-Methode ist somit die Bevorzugung von Nahrungsmitteln mit niedriger Blutzuckerwirkung. Das bedeutet, dass Lebensmittel wie Brot, Nudeln, Kartoffeln oder auch Süßigkeiten eingeschränkt verzehrt werden sollten.

Gemüse, zuckerarmes Obst, hochwertige Öle, Fisch, mageres Fleisch, Eier, Nüsse, Hülsenfrüchte sowie Milch- und Milchprodukte gehören hingegen täglich auf den Speiseplan.

Die LOGI-Pyramide teilt Lebensmittel nach ihrer Blutzuckerwirkung ein.

Die LOGI-Pyramide nach Dr. Nicolai Worm.

Letzte Stufe: Sehr starke Blutzuckerwirkung – selten verzehren!

Getreideprodukte aus raffiniertem Mehl (Weißmehl) wie Weißbrot und -brötchen, Kartoffelprodukte, geschälter Reis, Süßwaren und gesüßte Erfrischungsgetränke lassen den Blutzuckerspiegel am stärksten Achterbahn fahren. Das fördert den Hunger auf weitere Kohlenhydrate, und deswegen sollten die Produkte dieser Lebensmittelgruppe nur selten verzehrt werden.

Dritte Stufe: Starke Blutzuckerwirkung – in Maßen genießen!

Vollkornprodukte wie Vollkornbrot, Vollkornnudeln, Kartoffeln, Nudeln, Mais und brauner Reis sollten nur in Maßen verzehrt werden. Die absolute Menge ist von verschiedenen Faktoren abhängig. Verzehr nach der Faustregel: Je dicker der Bauch und je geringer die sportliche Aktivität, desto weniger Kohlenhydrate sollten auf dem Teller landen.

Zweite Stufe: Geringe Blutzuckerwirkung – täglich zu jeder Mahlzeit verzehren!

Oft hört man Vorurteile, dass bei LOGI täglich Fleisch empfohlen wird. Das ist nicht ganz richtig – die Abwechslung der Eiweißquellen ist sogar von Vorteil. Neben Fleisch gehören Eiweißlieferanten wie Fisch, Meerestiere, Milch- und Milchprodukte, Hülsenfrüchte, Nüsse, Käse und Eier regelmäßig auf den LOGIschen Speiseplan. Zum Beispiel pro Woche drei- bis viermal Fleisch und zwei- bis dreimal Fisch. Täglich zwei bis drei Portionen Milch und Milchprodukte sowie regelmäßig Hülsenfrüchte und Eier.

Basis: Geringe Blutzuckerwirkung – täglich reichlich zu jeder Mahlzeit verzehren!

Zwei Portionen zuckerarmes Obst wie Beeren und drei Portionen stärkefreies Gemüse und Salate lautet unsere Empfehlung für diese Lebensmittelgruppe. Hochwertige Öle wie Olivenöl und Rapsöl sollten großzügig in die Mahlzeiten integriert werden.

WARUM LOGI?
IST DOCH LOGISCH!

LOGI funktioniert ganz LOGIsch.

LOGI ist eine Ernährungsweise, die gesund und schlank hält beziehungsweise Übergewichtige mit Stoffwechselstörungen gesünder macht, auch wenn diese nicht abnehmen. Nach zehnjähriger Erfahrung mit LOGI lässt sich zusammenfassen: Fast alle Übergewichtigen werden mit LOGI abnehmen! Sie müssen sich nur auf die neue Ernährungsweise einlassen. Die Angst, zu viele Kalorien über den liberaleren Umgang mit Fett aufzunehmen und damit Pfunde anzulagern, ist oft sehr groß. Aber solche Ängste sind unbegründet: LOGI funktioniert, und das ist auch LOGIsch. Denn:

LOGI lockt weniger Insulin, weil insgesamt weniger Kohlenhydrate verzehrt werden. Das beugt Diabetes vor, Fettstoffwechselstörungen werden ausgebremst, die Niere kann besser Harnsäure und Salz ausscheiden, was wiederum Bluthochdruck und Gicht vorbeugt, und dem Fettabbau steht nichts mehr im Wege.

LOGI meidet Heißhungerattacken, weil die geringe Kohlenhydratzufuhr den Blutzuckerspiegel nicht belastet und weil die hohe Zufuhr von Ballaststoffen und Eiweißen den Blutzucker zusätzlich stabilisieren. Damit wird ein ständiges Snacken überflüssig!

Die Auswahl der Lebensmittel unter LOGI macht automatisch satt. Und das, obwohl unbewusst weniger Energie aufgenommen wird.

Die Basis der LOGI-Ernährung sind wasser- und ballaststoffreiche Lebensmittel wie Gemüse oder Salate. Ihr großes Nahrungsvolumen sorgt im Magen dafür, dass Sättigungssignale an das Gehirn gesendet werden. Neben dem hohen Nahrungsvolumen liefert LOGI auch reichlich Ballaststoffe und Eiweiße. In experimentellen Studien wurde gezeigt, dass ein hoher Wasser-, Ballaststoff- sowie Eiweißanteil in einer Mahlzeit die Nahrungs- und Kalorienaufnahme in der darauffolgenden Mahlzeit senkt. Mit einer kohlenhydratreichen Mahlzeit dagegen war die Essenspause bis zur nächsten Mahlzeit kürzer, und es wurde mehr gegessen.

LOGI kurbelt den Stoffwechsel an, da die Verdauung der Eiweiße aus einer Mahlzeit viel Energie erfordert, um anschließend um- und abgebaut zu werden. Eiweiße treiben den Körper also an, mehr Energie zu verbrennen.

LOGI ermöglicht ein Energiedefizit, obwohl mengenmäßig viel Nahrung aufgenommen wird. Das liegt daran, dass die Energiedichte einer LOGIschen Mahlzeit durch den Verzehr voluminöser, kalorienarmer Lebensmittel im niedrigen Bereich liegt. Zwar wird auch Fett liberaler verzehrt, seine hohe Energiedichte wird jedoch durch die niedrige Energiedichte von Gemüse, Obst und mageren Eiweißlieferanten ausgeglichen.

LOGI erhält die Muskeln durch die Zufuhr hochwertiger Eiweiße aus Eiern, Fisch und Fleisch. Das ist wichtig, denn Muskeln erbringen Höchstleistungen beim Abnehmen. Und der Jo-Jo-Effekt bekommt keine Chance.

LOGI schmeckt. Fett ist ein Geschmacksträger und transportiert Aromastoffe. Schmeckt das Essen, können Bedürfnisse konsequenter eingehalten werden.

WARUM LOGI?

IST DOCH LOGISCH!

Die fünf Schlank-Prinzipien der LOGI-Methode machen das Leben leichter.

1. Schlank-Prinzip: Essen Sie sich satt, ohne zu viel Energie aufzunehmen.

Knurrende Bäuche lassen Diäten scheitern. Jeder Abnehmwillige kennt das quälende Gefühl, nachts mit knurrendem Magen im Bett zu liegen, nur um ein paar Pfunde abzubauen. Es scheint das Los aller Übergewichtigen: Wer abnehmen will, muss diese nagende Qual im Bauch ertragen. Menschen, die schon zahlreiche Diätversuche hinter sich haben, können sich kaum vorstellen, auch gut gesättigt tolle Abnehmerfolge zu erzielen. Das verbreitete Vorurteil hält sich hartnäckig in den Köpfen: Wer isst, bis er satt ist, nimmt automatisch zu viel Energie (umgangssprachlich Kalorien) auf. Das stimmt nicht! Ob der Bauch voll ist oder nicht, sagt gar nichts über die aufgenommene Energiemenge aus.

Ein einfaches Beispiel – Schokolade versus Salat.

100 Gramm Schokolade liefern 540 Kilokalorien. Doch auch nach einer Tafel dieser süßen Verführung ist man vom Sättigungsgefühl ungefähr so weit entfernt, wie die Deutschen vom Südpol. Der Hunger bleibt oder kommt rasch zurück. Entweder Sie ertragen dann Ihren laut knurrenden Magen, laufen Gefahr, schlechte Laune zu bekommen oder Sie essen weiter, wobei Sie mit hoher Wahrscheinlichkeit einen Kalorienüberschuss erzeugen. Um mit einer Portion Blattsalat ebenfalls 540 Kilokalorien aufzunehmen, müssten Sie fast vier Kilogramm davon futtern. Das vermag wohl kaum jemand mit einer einzigen Mahlzeit. Es ist fraglich, ob ein Volumen von vier Kilogramm überhaupt Platz im Magen fände. Um sich satt zu fühlen, genügt eine Magenfüllung von 500 Gramm. Für die figurfreundliche und sättigende Ernährung bedeutet dies: Volumen, nicht Kalorien machen satt! Um sich an Schokolade satt zu essen, würde es fünf 100-Gramm-Tafeln bedürfen. Diese liefern mal eben um die 3.000 Kilokalorien. Eine sättigende Magenfüllung in Form von 500 Gramm Blattsalat entspricht einer Energieaufnahme von etwa 70 Kilokalorien. Also rund 2.930 Kilokalorien weniger. Allein diese Differenz entspricht dem Energiebedarf eines normalgewichtigen erwachsenen Mannes.

Fazit: Weniger zu essen läuft nicht zwangsläufig darauf hinaus, auch weniger Energie aufzunehmen. Denn nicht die aufgenommene Energiemenge, sondern das Volumen der Nahrung sorgt für eine wohlige Sättigung. Dieses Prinzip sollte jedes intelligente Abnehmkonzept berücksichtigen!

ENERGIEDICHTE

Die wenigsten Menschen stillen ihren Hunger ausschließlich durch Schokolade oder grünen Salat pur. Das auf der vorigen Seite erläuterte Prinzip lässt sich aber auf ganz normale Gerichte übertragen: Vergleichen wir einfach mal eine aus Käsebrot bestehende Mahlzeit mit einer Portion Steak und Gemüse. Was schätzen Sie, wird Sie länger satt machen?

Zwei Scheiben Vollkornbrot à 50 Gramm mit 15 Gramm Butter und zwei Scheiben Schnittkäse à 35 Gramm. Diese Mahlzeit entspricht 540 Kalorien, einem Nahrungsvolumen von 185 Gramm und einer – sehr hohen – Energiedichte von 295 Kalorien pro 100 Gramm.

180 Gramm Steak, in 1 EL Öl gebraten, mit 250 Gramm Broccoli, in 1 EL Öl geschwenkt. Diese Mahlzeit entspricht ebenfalls 540 Kalorien, einem Nahrungsvolumen von 454 Gramm und einer – niedrigen – Energiedichte von 119 Kalorien pro 100 Gramm.

Fazit: Obwohl beide Mahlzeiten die gleiche Energie liefern, wird deutlich, dass das Steak mit Gemüse satter macht, weil die Portion um fast das Dreifache größer ist. Zudem liefert dieses Gericht mehr Sattmachereiweiß und deutlich weniger Hunger machende Kohlenhydrate sowie eine niedrige Energiedichte.

Achten Sie immer auf die Energiedichte. Die Energiedichte wird definiert als der Energiegehalt (in Kilokalorien oder Kilojoule) pro Gewichtseinheit (zumeist Gramm, 100 Gramm oder Kilogramm). Die mittlere Energiedichte der westlichen Kost liegt bei etwa 160 Kalorien pro 100 Gramm fester Nahrung. Damit ist ein Übergewichtsrisiko verbunden. Um eine ausgeglichene oder negative Energiebilanz anzustreben, sollte die mittlere Energiedichte unter 125 Kalorien pro 100 Gramm fester Nahrung liegen. Die Rezepte in diesem Kochbuch liefern zu 90 Prozent alle eine Energiedichte, die unter 125 Kalorien pro 100 Gramm liegt.

2. Schlank-Prinzip: Essen Sie abwechslungsreich und nur, was Ihnen auch schmeckt.

Was führt des Weiteren zum Scheitern einer Diät? Ganz klar – eine fade, geschmacklose und einseitige Ernährung. Magerer Fisch im eigenen Saft geschmort, Gemüse in Gemüsebrühe gedünstet und dazu ein paar Pellkartoffeln als Sättigungsbeilage. Eine geschmacklose fettarme Ernährung, die eher an Krankenhauskost erinnert. Einst antwortete eine unserer Klientinnen auf die Frage, ob ihr so ein fettarmes Essen denn schmeckt: »Mir schmeckt das mittlerweile, ich habe mich daran gewöhnt.« Ja ja, der Mensch ist zwar ein Gewohnheitstier, aber wir glauben, die wenigsten, die gerne und gut essen, werden sich an so ein Essen gewöhnen. Folge: Die Diät scheitert. Ebenso scheitern auch einseitige Crash-Diäten, die nur Ananas, Kartoffeln oder Reis auf dem Ernährungsplan vorsehen.

Im Übrigen ist das auch ein Missverständnis. »Diät« bedeutet im ursprünglichen Sinn »Lebensführung« oder neudeutsch »Lebensstil«. LOGI soll ja eine lebenslange Umstellung der Ernährungsweise sein.

Fazit: Eine »Diät« durchhalten kann man nur, wenn einem das Essen auch schmeckt und wenn es Spaß macht. Und Geschmack kommt nicht durch Wasser, sondern über das Fett und über die Abwechslung.

3. Schlank-Prinzip: Klare Regeln, die sich einfach umsetzen lassen.

Kalorien-, Fettaugen- oder Punktezählen – komplizierte Abnehmstrategien führen zum vorzeitigen Abbruch einer Diät. Könnten Sie sich ernsthaft vorstellen, Ihr Leben lang nach Zahlen zu essen, um ein paar Kilos zu verlieren oder um Ihr Gewicht zu halten? Eine Diät muss also einfach umsetzbar sein und zwar überall, im Urlaub, im Beruf, im Restaurant, in der Kantine. Und ohne jedes Mal den Taschenrechner zu zücken.

Fazit: Eine gute Ernährungsmethode muss einfach und überall umsetzbar sein – ohne Abwiegen und Kalorienzählen.

4. Schlank-Prinzip: Muskelmasse erhalten, Fettdepots abbauen.

Sie kennen das sicherlich. Wie schnell haben Sie schon mit einer Crash-Diät eben mal drei Kilo in einer Woche abgenommen? Zu schön, wenn es sich bei diesen verlorenen Pfunden um pures Fett handeln würde. Dem ist aber leider nicht so. Bei diesen ersten Kilos handelt es sich vielmehr um Wasser als um Fett. Führen Sie diese Form der Diät fort, werden Sie bestimmt weiter abnehmen. Beim Gang auf die Waage sollten Sie Ihre Freude über die verlorenen Pfunde aber lieber im Zaum halten, denn auch diesmal ist kaum Körperfett von der Partie. Wie gerne baut der Körper bei zu geringer Eiweiß- und Energiezufuhr Muskeln ab. Ausgerechnet diese brauchen wir aber zum Abnehmen. Muskeln sind nämlich Heizöfen, in ihren Zellen wird das Fett verbrannt – selbst in Ruhe. Je mehr Muskeln Sie abbauen, desto geringer wird langfristig Ihr Abnehmerfolg, da der Energieverbrauch sinkt. Damit schaffen Sie eine gute Basis, nach der Diät wieder mehr zuzunehmen, als sie abgenommen haben. Mit anderen Worten: Sie werden dick vom Abnehmen! Hinzu kommt, dass jede weitere Gewichtsabnahme immer schwieriger wird. Diäterfahrene Klienten berichten nicht selten: »Früher habe ich einfach mal weniger gegessen und ganz schnell abgenommen. Jetzt nehme ich gar nicht mehr ab.« Wen wundert's?

Fazit: Eine erfolgreiche Abnehmstrategie lässt Fett-, nicht Muskelmasse schwinden.

5. Schlank-Prinzip: Gut essen für Figur und Gesundheit.

Die meisten Crash-Diäten machen krank! Eine schnelle Gewichtsabnahme durch ungesunde Diäten kann Depressionen, Fettstoffwechselstörungen, Gallensteine, Nervenschädigungen und viele andere Erkrankungen zur Folge haben. Ein ungesundes Abnehmverhalten können Sie auf diese Weise teuer mit Ihrer Gesundheit bezahlen.

Fazit: Ein intelligentes Abnehmkonzept sollte die Gesundheit schonen oder sogar fördern!

Alle fünf Schlank-Prinzipien vereint die LOGI-Methode in sich!

LOGI MACHT DAS LEBEN LEICHTER.

Wer nach LOGI lebt ...

- ... kann sich satt essen und dabei trotzdem abnehmen.
- ... kann schmackhaftes Essen genießen, das abwechslungsreich und überall umsetzbar ist.
- ... braucht keine Kalorien zu zählen.
- ... schont die Muskeln und baut vor allem Körperfett ab.
- ... schmeichelt seiner Gesundheit.

Die Umstellung auf LOGI – Schritt für Schritt zum Ziel.

»Darf ich nie wieder Brot, Kartoffeln und Nudeln essen?«, eine Frage, die uns häufig in der Ernährungsberatung oder auf Vorträgen gestellt wird. Der Begriff LOGI steht für »Low Glycemic and Insulinemic Diet«. Was nichts anderes bedeutet, als dass Lebensmittel mit geringer Blutzuckerwirkung bevorzugt werden sollten. Das bedeutet aber nicht automatisch, dass Lebensmittel mit höherem Stärkeanteil völlig vom Speiseplan verschwinden müssen. Die LOGI-Pyramide verdeutlicht es auch noch einmal: Die Lebensmittel der dritten Stufe, also die Kohlenhydratlieferanten, werden »in Maßen« empfohlen, nicht verboten! Viele Abnehmwillige, die ihre Ernährung auf LOGI umgestellt haben, kennen nur zu gut noch die Sorge, ohne Brot auskommen zu müssen.

Wer sich für LOGI entscheidet, muss nicht von heute auf morgen alle Essensgewohnheiten aufgeben. Zunächst können Sie zum Beispiel den Konsum von Kartoffeln, Nudeln oder Brot reduzieren, indem Sie einen Teil dieser stärkereichen Lebensmittel durch stärkearme Varianten ersetzen. Tauschen Sie beispielsweise Kartoffelpüree durch Petersilienwurzelpüree und ersetzen Sie einen Teil der Spaghetti in der Bolognese durch Gemüsestreifen. Damit ist schon ein erster wichtiger Schritt getan, ohne sich stark einzuschränken.

Selbst Brot können Sie in Maßen essen. Um deutliche Erfolge zu erleben, empfehlen wir für den LOGI-Einstieg, eine Kohlenhydrataufnahme von 80 Gramm pro Tag nicht zu überschreiten, wenn es Ihr Ziel ist abzunehmen. Damit Sie eine Vorstellung davon haben, was und wie viel Sie essen dürfen, um diese Grenze von 80 Gramm Kohlenhydraten nicht zu überschreiten, können Sie sich an folgender Tabelle orientieren. Die Lebensmittel sind nach abnehmendem Kohlenhydratgehalt pro üblicher Verzehrgröße sortiert.

Welche Lebensmittel liefern wie viele Kohlenhydrate?

Lebensmittel	Menge	Kohlenhydratgehalt
Nudeln	60 g (= 150 g gekocht)	46 g
Hirse	60 g (= 150 g gekocht)	41 g
Mais	60 g	39 g
Reis	50 g (= 150 g gekocht)	35 g
Vollkornbrötchen	1 Stück (60 g)	26 g
Brötchen (weiß)	1 Stück (60 g)	26 g
Weißbrot	1 Scheibe (45 g)	22 g
Vollkornbrot	1 Scheibe (50 g)	19 g
Kartoffeln	150 g	21 g
Fruchtsäfte wie Apfel- und Orangensaft	200 ml	18 g bis 22 g
Obst – zuckerreich: Banane, Mango, Ananas, Trauben, Kirschen et cetera	150 g	ab 15 g bis 30 g
Milch, Joghurt, Quark und Kokosmilch (alle ungezuckert)	150 g	6 g bis 7 g
Hülsenfrüchte gegart (Linsen, Bohnen, Erbsen, Sojabohnen, Kichererbsen)	150 g	5 g bis 25 g
Obst – zuckerarm: Zitrusfrüchte, Apfel, Birne, Beerenobst, Melone, Papaya, Kiwi et cetera	150 g	4 g bis 15 g
Gemüse, Salat und Pilze	150 g	1 g bis 10 g
Nüsse, Kerne	20 g	< 2 g
Frischkäse, Sahne, saure Sahne	1 EL = 20 g	< 1 g
Eier, Fisch, Meerestiere, Käse, Fleisch, Wurst, Fette und Öle	pro Portion	< 1 g

Quelle: Bundeslebensmittelschlüssel

DIE UMSTELLUNG AUF LOGI.

LOGIsch in Ordnung: Täglich eine Scheibe Brot zu essen.

Bei LOGI geht es immer um die Gesamtmenge an Kohlenhydraten, die an einem Tag verzehrt wird. Für Personen, die abnehmen möchten sind maximal 80 Gramm Kohlenhydrate pro Tag empfehlenswert. Eine Scheibe Vollkornbrot (= 19 Gramm Kohlenhydrate) ist also kein Problem. Wer sich dazu noch bewegt, sichert den LOGI-Erfolg doppelt ab. Denn Sport wirkt wie Insulin: Es senkt den Blutzuckerspiegel, allerdings ohne die ungünstigen Nebenwirkungen, die Insulin bei »Überdosierung« hat.

LOGIsch in Ordnung: Hülsenfrüchte sind prima Eiweißspender, trotz ihrer Kohlenhydrate.

Hülsenfrüchte, vor allem Kichererbsen, liefern deutlich mehr Kohlenhydrate als Gemüse. Ihr Kohlenhydratgehalt liegt aber, verglichen mit einer gleichen Portion Nudeln oder Reis, immer noch niedrig. Hülsenfrüchte sind des Weiteren im Vorteil: Sie liefern nämlich im Gegensatz zu Nudeln und Reis deutlich mehr Eiweiße und Ballaststoffe – zwei unverzichtbare Sattmacher in einer LOGIsch gesunden Ernährung.

LOGIsch in Ordnung: Obst in Maßen.

Auf keinen Fall gehört Obst zu den dick machenden Lebensmitteln. Es bildet neben Gemüse und Ölen die Basis der LOGI-Pyramide, weil es wenig Energie, viele Ballaststoffe, Vitamine und Mineralstoffe liefert. Wichtig ist aber, das richtige Obst zu essen und nicht zu viel davon. Nicht jede Frucht ist kohlenhydratarm. Viele Exoten wie Ananas und Bananen sollten lieber mit zuckerarmem Obst gemischt werden. Insbesondere die Banane liefert fast so viele Kohlenhydrate wie eine vergleichbare Portion Nudeln. Nicht umsonst nennt Nicolai Worm die Banane auch »große Nudel« oder »Kartoffel«. Bei LOGI orientieren wir uns mit der Obstempfehlung an den allgemeinen Richtlinien der Weltgesundheitsorganisation, zwei Portionen Obst pro Tag zu essen. Seitdem bekannt ist, dass Fruchtzucker stark fettbildend und kaum sättigend wirkt, sollte der Genuss, gerade bei Wunsch auf Gewichtsabnahme, zwei Portionen Obst auch nicht überschreiten.

UnLOGIsch und nicht in Ordnung: Fruchtsäfte = flüssige Dickmacher!

Wie aus der Tabelle zu entnehmen ist, sind Fruchtsäfte nicht besonders geeignet für eine LOGIsch gesunde Ernährung. Während der Apfel zu den zuckerarmen Obstsorten zählt, liefert Apfelsaft zu viele Kohlenhydrate. Allen voran Fructose, auch Fruchtzucker genannt. Mit diesem Zucker verbindet man zwar zunächst eine gesunde Süße – denn schließlich stammt er aus Obst, und Obst ist ja gesund! Und die Blutzuckerwirkung beziehungsweise der GI von Fructose ist gering, die nachfolgende Insulinausschüttung entsprechend niedrig. Aber in Wirklichkeit ist Fruchtzucker, insbesondere aus Getränken, ein Teufelszeug! Er wirkt stark fettbildend, erhöht die Harnsäure und die Blutfette und löst kaum einen Sättigungseffekt aus. Also besser einen Apfel essen, statt Apfelsaft zu trinken. Abgesehen vom Kohlenhydratgehalt sind Fruchtsäfte oder Modegetränke wie Smoothies auch noch richtige Kalorienbomben: Eine große Flasche Apfelsaftschorle (1,5 Liter, 1 Teil Wasser, 1 Teil Fruchtsaft) liefert 370 Kalorien. Das entspricht dem Energiegehalt von einem Schweinekotelett mit geschmorten Zwiebeln. Also lieber LOGIsch gut essen, statt zuckerreich trinken. Denn auch flüssige Kalorien landen auf den Hüften.

Für LOGI-Profis – die besten Kohlenhydratalternativen.

In der Ernährungsberatung werden wir von Klienten immer wieder gefragt, ob es nicht einen Ersatz für Brot, Pommes, Nudeln oder Reis gibt. Diesem Wunsch haben wir versucht, gerecht zu werden und wochenlang in der Küche herumexperimentiert. Für waschechte LOGI-Profis, die ihren Kohlenhydratkonsum deutlich unter 80 Gramm pro Tag halten wollen, bieten sich in diesem neuen Kochbuch zahlreiche LOGI-Alternativen für viele beliebte stärkereiche Speisen. Von Pommes, über Bauernfrühstück, Beerentorte, Pfannkuchen, Tagliatelle, Sushi, Brot, süße Brötchen und Pürees ist alles dabei, was das Herz begehrt.

Ersatz für Pommes, Kartoffelpüree und Nudeln.

Winterliches Wurzel- und Knollengemüse.

Wurzel- und Knollengemüse sind wahre Multitalente. Cremesuppen, Pürees, Gemüsetagliatelle und vieles mehr zaubert die LOGI-Küche daraus. Während Möhren, Sellerie oder Rote Bete zu den Klassikern gehören, erfahren Petersilienwurzeln und Topinambur eine Renaissance in Deutschlands Küchen. Der Übergang von einer bunten und abwechslungsreichen Obst- und Gemüselandschaft im Sommer, zu einem bisher kargen Angebot an Wintergemüse, wird durch die Rückkehr dieser alten Gemüse ausgeglichen.

Petersilienwurzel – das Allround-Talent.

Sie stammt ursprünglich aus dem südöstlichen Mittelmeerraum. Die Wurzel kann bis zu 20 Zentimeter lang und 3,5 Zentimeter dick werden. Das Fruchtfleisch ist weiß und hat einen fein-würzigen Geschmack, der jedoch geschmacklich nicht stark hervortritt. Sie gehört zu den frostresistenten Wintergemüsen, die von Oktober bis März erhältlich sind. Im Kühlschrank lässt sie sich bis zu drei Wochen aufbewahren. Frische Petersilienwurzeln erkennen Sie durch den Drucktest: Je mehr das Fruchtfleisch bei Daumendruck nachgibt, desto älter ist die Wurzel. Eine gute Orientierung für Frische liefert auch das Petersilienkraut – dieses sollte noch grün aussehen.

Petersilienwurzeln statt Kartoffeln: Petersilienwurzeln liefern nur 5,4 Gramm Kohlenhydrate pro 100 Gramm. Sie erreichen im Vergleich zu anderen Wurzelgemüsen den höchsten Eiweißgehalt mit fast drei Gramm pro 100 Gramm. Außerdem sind sie ballaststoffreich. Eine Portion von 250 Gramm dieses Gemüses deckt ein Drittel des Tagesbedarfs an satt machenden Ballaststoffen. Die Kartoffel liefert im Vergleich nur halb so viel satt machendes Eiweiß und Ballaststoffe.

Nährwerte pro 100 g	Kartoffel	Petersilienwurzel
Kalorien (kcal)	69	31
Kohlenhydrate (g)	14	5,4
Ballaststoffe (g)	2	4,3
Eiweiß (g)	1,9	2,8

Quelle: Bundeslebensmittelschlüssel

PROFITIPPS UND SUPER KH-ALTERNATIVEN!

Die ewige Diskussion um die Pastinake.

In vielen Foren, insbesondere im LOGI-Forum, sind wir häufig auf die Diskussion aufmerksam geworden, ob die Pastinake nun stärkereich oder stärkearm ist. Die Pastinake ist ein uraltes Gemüse, das im 18. Jahrhundert durch Möhren und Kartoffeln völlig verdrängt und aus der Mode geraten ist. In den USA, Kanada, England oder den Niederlanden sind Pastinaken immer noch sehr angesehen. In Deutschland erfreuen sie sich seit wenigen Jahren wieder zunehmender Beliebtheit. Vor einigen Jahren wurde der glykämische Index der kanadischen Pastinake ermittelt. Dieser fiel mit einem Wert von 97 sehr hoch aus. Der Kohlenhydratgehalt wurde mit zehn Gramm pro 100 Gramm angegeben. Mittlerweile gibt es von der gleichen Arbeitsgruppe neue Messungen mit australischen Pastinaken. Der glykämische Index liegt nun bei 52, der Kohlenhydratanteil immer noch um die zehn Gramm. Auch finden sich in der Literatur sehr unterschiedliche Daten zum Kohlenhydratgehalt: von 2,9 Gramm bis 18 Gramm pro 100 Gramm ist alles dabei. Ausgerechnet der anerkannte Bundeslebensmittelschlüssel gibt die Pastinaken mit 2,9 Gramm Kohlenhydrate pro 100 Gramm an.

Wir sind der Frage nach der LOGI-Eignung von Pastinaken nachgegangen. Nachdem wir im Internet viele widersprüchliche Daten zum Kohlenhydratgehalt von Pastinaken gefunden haben, sollte uns ein Selbsttest der Lösung näher bringen. Für unser Experiment haben wir unseren Blutzuckerverlauf nach dem Verzehr von Kartoffeln, Pastinaken und Möhren dokumentiert. Das Ergebnis war nicht besonders erfreulich für die Pastinake. Im Gegensatz zur Möhre, die eine sehr schwache Blutzuckerwirkung auslöste, hat die Pastinake einen ähnlich hohen Blutzuckeranstieg wie die Kartoffel verursacht. Wir sind noch einen Schritt weiter gegangen und haben ein zertifiziertes Prüflabor um Analyse gebeten. Das, was unser Blutzuckerverhalten schon angedeutet hat, bewahrheitete sich leider im Labor: Die getesteten deutschen Pastinaken lieferten 15,9 Gramm Kohlenhydrate pro 100 Gramm. Also mehr als Kartoffeln.

Pastinaken statt Pasta: Wie die Möhre kann man sie zu leckeren langen Gemüsetagliatelle schälen. Verglichen mit den herkömmlichen gegarten Teigwaren enthält die Pastinake etwa 50 Prozent weniger Kohlenhydrate und Kalorien. 100 Gramm gekochte Nudeln liefern nämlich 31 Gramm Kohlenhydrate und 150 Kalorien, Pastinakentagliatelle nur 15,9 Gramm und 72 Kalorien. Also mehr als Kartoffeln, aber immer noch weniger als gekochte Nudeln.

Erhältlich sind Pastinaken von September bis Januar. Achten Sie beim Einkauf darauf, dass das Fruchtfleisch fest und nicht schrumpelig ist. In Zeitungs- oder Küchenkrepp eingewickelt, halten sich Pastinaken wie Petersilienwurzeln drei Wochen im Kühlschrank.

Topinambur – für Liebhaber und Insider.

Topinambur verdankt ihren Namen dem Indianerstamm Topinambou. In Nordamerika galt sie zunächst als Kulturpflanze der Indianer. Im 16. Jahrhundert gewann sie auch hierzulande einen hohen Stellenwert – als sehr gut sättigendes Grundnahrungsmittel füllte sie die hungrigen Bäuche. Im 18. Jahrhundert verschwand sie allmählich von der Bildfläche. Es war die kalorienreichere Kartoffel, die sie von unserem Speiseplan verdrängte. Momentan erfährt Topinambur eine Rennaissance. Im Supermarkt ist sie zwar noch selten anzutreffen, aber im Bioladen oder auf dem Markt wird man meist fündig. Als Wintergemüse ist sie ab Oktober oder November erhältlich.

Die »Diabetiker-Kartoffel« ähnelt auch optisch der Kartoffel, ist aber im Vergleich zu dieser sehr viel kalorien- und stärkeärmer sowie eiweißreicher. Zudem ist sie reich an Inulin, einem satt machenden, unverdaulichen Kohlenhydrat. Studien ergaben, dass eine inulinreiche Ernährung die problematisch erhöhten Blutfette bei Diabetikern senkt. Aber das Inulin kann noch mehr: Neben dem stark sättigenden Effekt vermeidet es Blutzuckerschwankungen und damit verbundene Heißhungerattacken. Damit spielt Inulin auch im Rahmen einer Gewichtsreduktion eine wichtige Rolle. Außerdem stärkt Inulin die Darmflora. Die Topinambur-Knolle ist somit ein echter LOGI-Star!

Nährwerte pro 100 g	Kartoffel	Topinambur
Kalorien (kcal)	69	31
Kohlenhydrate (g)	14	4
Ballaststoffe (g)	2	13
Eiweiß (g)	1,9	2,4
Quelle: Bundeslebensmittelschlüssel		

Sie möchten auf Kartoffeln oder Nudeln nicht ganz verzichten?

Senken Sie den Stärkeanteil dieser Beilagen, indem Sie sie mit stärkearmen Lebensmitteln mischen: Ersetzen Sie einen Teil Ihrer Bandnudeln oder Spaghetti durch Gemüsestreifen aus Pastinaken, Möhren, Zucchini oder Petersilienwurzeln. Tauschen Sie einen Teil der Kartoffeln für das Püree durch Petersilienwurzeln beziehungsweise Knollensellerie aus. Sie werden den Unterschied nicht schmecken. Die Portion Kartoffel-Pommes strecken Sie einfach durch Wurzel-Pommes. Übrigens ein guter Trick, auch Kindern Gemüse schmackhaft zu machen. Falls Kartoffeln, dann im erkalteten Zustand! Lässt man die gekochten Knollen erkalten, werden etwa zehn Prozent der verdaulichen Stärke (Kohlenhydrate) in resistente Stärke umgewandelt. Diese Art von Stärke kann von den Enzymen des Speichels und des Dünndarms nicht verdaut werden. Aber auch hier müssen Sie die Portionsmenge beachten. Immerhin liefern 90 Prozent der Kohlenhydrate aus der Kartoffel noch blutzuckerwirksame Stärke!

PROFITIPPS UND SUPER KH-ALTERNATIVEN!

Ersatz für Reis, Couscous oder Bulgur.

Ein Blumenkohl für alle Fälle: Als große Sushi-Fans war es unser Anliegen, einen adäquaten Ersatz für den klebrigen Sushi-Reis zu finden, um unsere heiß geliebten Reisröllchen weiterhin ohne schlechtes Gewissen zu genießen. In unseren Köpfen kreierten wir eine Idee nach der anderen, aber keine einzige war brauchbar. Auf einer amerikanischen Webseite stießen wir dann auf eine interessante Alternative: geraspelter Blumenkohl. Eine geniale Idee. Im Handumdrehen wurde der Blumenkohl über die Käsereibe geschwungen. Siehe da, sieht tatsächlich aus wie Reis. Nur, wie kriegen wir ihn klebrig hin, damit er auch haften bleibt? Auch hierfür fiel uns schnell die passende Lösung ein: den Blumenkohl dünsten, erkalten lassen, auspressen und mit Frischkäse mischen. Unsere kohlenhydratarmen Blumenkohl-Sushi erfreuen sich seither großer Beliebtheit. 70 Prozent unserer Testpersonen haben nicht einmal bemerkt, dass es sich um »falsche« Sushi handelte.

Nachdem das so toll geklappt hat, ging das Blumenkohl-Experiment weiter. Franca Mangiameli ist ein großer Fan von Taboulé, einem libanesischen Salat, der aus Bulgur oder Couscous hergestellt wird. Auch für die LOGI-Variante dieses Gerichtes hat der Blumenkohl alle Erwartungen erfüllt. Blumenkohl kann aber noch mehr, als nur Reis und Couscous zu ersetzen, auch als Püree ist er eine leckere und gesunde Alternative zu Kartoffelbrei. Der Nährwertvergleich zeigt klar die Vorteile auf Seiten des Blumenkohls: Er spart nicht nur rund 75 Prozent der Kalorien ein, sondern auch ganze 90 Prozent Kohlenhydrate pro 100 Gramm. Durch den höheren Wasser- und Ballaststoffanteil bietet der Blumenkohl die besseren Sättigungsfaktoren.

Nährwerte pro 100 g	Reis, gekocht	Couscous, gekocht	Bulgur, gekocht	geraspelter Blumenkohl
Kalorien (kcal)	93	93	108	23
Kohlenhydrate (g)	21	19	23	2
Ballaststoffe (g)	2	2,7	3	3
Eiweiß (g)	0,5	2,0	3,4	3
Wasseranteil (%)	77	80	70	91
Quelle: Bundeslebensmittelschlüssel				

Ersatz für Pfannkuchen, Backwaren und Co.

Für die so beliebten und vielseitigen Pfannkuchen haben wir gleich mehrere Rezepte entwickelt. Teige auf Basis von Nüssen, Kichererbsenmehl und Kokosmehl. Je nach Verwendungszweck können Sie zwischen den verschiedenen Teigen wählen.

Pfannkuchen aus gemahlenen Nüssen oder Nussmehl.

Häufig wird Mandelmehl mit gemahlenen Mandeln gleichgesetzt. Es handelt sich aber um zwei verschiedene Produkte! Gemahlene Mandeln sind in jedem Supermarkt in der Backwarenabteilung erhältlich. Meistens ist ihre Struktur etwas gröber, sie sind fettreicher und kohlenhydratärmer als das Mandelmehl. Mandelmehl findet man dagegen nicht an jeder Ecke. Man kann es im Internet bestellen oder im Reformhaus kaufen. Die Kosten liegen bei 6,50 bis 8,50 Euro für 500 Gramm. Der hohe Preis kommt durch den erhöhten Herstellungsaufwand zustande. Nussmehle allgemein werden durch mechanische Pressung von Nüssen gewonnen. Dabei entstehen Nussöle. Der entölte Presskuchen wird dann zur Herstellung des Nussmehls verwendet, welches dann sehr fein gemahlen wird. Durch die Pressung verbleiben nur noch etwa zehn Prozent des Öls im Nussmehl, dadurch besitzt es eine niedrigere Energiedichte als gemahlene Nüsse. Zudem ist Nussmehl sehr ballaststoff- und eiweißreich. Gerichte mit Mandelmehl haben das Aroma von gerösteten Nüssen und sind besonders für Süßspeisen sehr empfehlenswert. Für den kleinen Geldbeutel jedoch eignen sich gemahlene Nüsse ebenso gut.

Nährwerte pro 100 g	Mandelmehl	gemahlene Mandeln
Kalorien (kcal)	282	596
Kohlenhydrate (g)	7,2	3,9
Ballaststoffe (g)	29,4	11,1
Eiweiß (g)	36,4	19,8
Fett (g)	12,0	56,7
Quelle: Bundeslebensmittelschlüssel		

Pancakes und süße Brötchen aus Kokosmehl.

Zur Herstellung von Kokosmehl wird das Fruchtfleisch der Kokosnuss getrocknet, entölt und dann gemahlen. Die Kosten für 500 Gramm Kokosmehl liegen zwischen sechs und acht Euro. Erscheint erstmal recht teuer, aber das Mehl ist sehr ergiebig. Für die Herstellung von Kokospancakes verbraucht man deutlich weniger Kokosmehl als Weizenmehl für die Herstellung von Pancakes aus selbigem. Kokosmehl liefert sehr viele Ballaststoffe, hat durch die Entölung eine niedrigere Energiedichte als Kokosraspel und einen hohen Eiweißanteil. Kokosmehl schmeckt und riecht sehr intensiv nach Kokos. Durch den süßlichen Geschmack kann Zucker oder Süßstoff eingespart werden. Das Mehl eignet sich zum Backen, zum Binden von Saucen oder als Ballaststoffzusatz im Müsli oder in Milchshakes. Weniger geeignet ist es für deftige, würzige Speisen, da der süßliche Kokosgeschmack stark hervorsticht.

Nährwerte pro 100 g	Kokosmehl	gemahlene Mandeln
Kalorien (kcal)	268	596
Kohlenhydrate (g)	26,3	3,9
Ballaststoffe (g)	38,5	11,1
Eiweiß (g)	19,3	19,8
Fett (g)	8,6	56,7
Quelle: Bundeslebensmittelschlüssel		

PROFITIPPS UND SUPER KH-ALTERNATIVEN!

Pfannkuchen, Käsespätzle und Pommes aus Kichererbsenmehl.

Kichererbsen sind in verschiedenen Varianten erhältlich, als getrocknete Samen, als Mehl oder gekocht aus der Konserve. Kichererbsen und daraus hergestelltes Mehl lassen sich zu Frikadellen (Falafel), zu Brotaufstrich wie Hummus, aber auch zu Salat, Pommes, Pizza, Pfannkuchen et cetera verarbeiten. Das Mehl eignet sich außerdem zum Binden von Saucen und Suppen und kann auch zum Backen verwendet werden. Kichererbsenmehl liefert 32 Prozent weniger Kohlenhydrate als Weizenmehl. Ein zusätzlicher Pluspunkt für Kichererbsen ist, dass die darin enthaltenen Kohlenhydrate zum Teil aus Raffinose, einem unverdaulichen Kohlenhydrat, bestehen. Außerdem liefern sie fast doppelt so viel satt machendes Eiweiß. Bereits im ersten großen LOGI-Kochbuch wurde ein Pizza-Ersatz auf Kichererbsenmehlbasis vorgestellt, die Farinata. Für dieses Kochbuch haben wir weiter experimentiert. Da Kichererbsenmehl aufgekocht mit Wasser eine schnittfeste Konsistenz erhält, ist es eine wunderbare Ausgangsbasis für die Herstellung von Pommes. Neben Pommes können aus diesem Teig auch »Polenta-Schnitten« gebraten werden. Für die einfachste Pfannkuchenvariante braucht man nur Kichererbsenmehl und Wasser. Wer noch mehr Eiweiß benötigt, gibt Eier und Milch dazu. Die Kichererbsenpfannkuchen, aber auch die Nussmehlpfannkuchen, sind eine prima Ausgangssubstanz für Lasagneblätter, Käsespätzle, Wraps, Teigtaschen oder Cannelloni. Auch zum Backen einer Quiche eignet sich Kichererbsenmehl als Weizenmehlersatz.

Kichererbsenmehl wird in Bioläden und Reformhäusern, übers Internet sowie in türkischen oder asiatischen Feinkostläden angeboten. Getrocknete Kichererbsen aus dem Supermarkt können in einer guten Küchenmaschine ebenfalls zu Mehl verarbeitet werden.

Nährwerte pro 100 g	Kichererbsen, Konserve	Kichererbsenmehl	Weizenmehl
Kalorien (kcal)	125	325	337
Kohlenhydrate (g)	17,4	47,8	70,9
Ballaststoffe (g)	5,0	11,9	4,0
Eiweiß (g)	7,3	17,8	9,8
Fett (g)	2,6	6,4	1,0
Quelle: Bundeslebensmittelschlüssel			

Backe, backe Kuchen …

Für einen LOGIschen Kuchen benötigen Sie Frischkäse oder Ricotta, Magerquark, Eier, gemahlene Mandeln, gegebenenfalls etwas Weizenmehl, Haferkleie, Backpulver und ein paar Früchte – püriert oder geschnitten. Für die Optik wird LOGI-Kuchen statt mit Puderzucker mit Kokosflocken bestäubt! Wer möchte, kann maßvoll zu Süßstoff greifen. Auch die Zuckeraustauschstoffe Xylit oder Sukrin sind in Mengen bis zu 50 Gramm pro Tag okay. Die Erfahrung zeigt: Je länger Sie sich nach LOGI ernähren, desto mehr werden Sie sich für die Geschmacksrichtung süß sensibilisieren. Mit der Zeit werden Sie merken, dass sie einfach weniger Zucker oder Süßstoff benötigen.

In der Not frisst der Bauer eben doch mal Brot.

Wir wissen aus eigener Erfahrung, dass eingeschworene LOGIaner Brot immer seltener vermissen. Aber der Deutsche ist und bleibt doch ein Brotesser, und deswegen darf in diesem Kochbuch natürlich ein LOGI-Brot nicht fehlen. Im Prinzip benötigt es die gleichen Zutaten wie ein Kuchen. Zusätzlich können aber auch Kichererbsenmehl sowie Samen und Kerne verwendet werden.

Abwechslungsreich panieren.

Gehören Sie zur Fraktion der Schnitzel-Fans, für die ein Schnitzel dann am schmackhaftesten ist, wenn es von einer krossen Panade umgeben wird? Das können Sie auch im Rahmen der LOGI-Methode beibehalten. Die Panade sollte dann aber nicht unbedingt aus stärkereichen Semmelbröseln oder Paniermehl hergestellt werden. Wir zeigen eine Reihe von Möglichkeiten auf, wie Sie kohlenhydratarme, krosse Panaden herstellen können. Damit die Panade auch haften bleibt, ist es unverzichtbar, ganz wenig Mehl zum Bestäuben zu verwenden. Dieser Anteil ist jedoch so gering, dass er auch nur einen geringen Einfluss auf die glykämische Tageslast, also die Kohlenhydratmenge, die täglich verzehrt wird, hat. Und wer sich LOGIsch ernährt, isst zum Schnitzel Gemüse oder Salat, da fallen keine weiteren Kohlenhydrate an. Neben Fisch und Fleisch kann man natürlich auch Sellerie, Auberginen, Kohlrabi, Austernpilze oder Tofu panieren: Fleisch oder Gemüse zunächst mit ein bis zwei Teelöffeln Mehl bestäuben. Dann durch das verquirlte Ei ziehen und anschließend in der Panade wenden.

Eine LOGIsche Panade kann bestehen aus:

- geraspeltem Parmesan,
- Kokosraspeln,
- weißer und schwarzer Sesamsaat,
- gemahlenen oder gehackten Nüssen oder
- einer Mischung aus mehreren dieser Komponenten.

Eimantel statt Panade ist eine weitere aus Italien stammende Möglichkeit, das Fleisch oder Gemüse zu umhüllen. Die italienische Bezeichnung dafür ist Piccata. Verfahren Sie dafür wie beim Panieren, also Fleisch oder Gemüse mit ein bis zwei Teelöffeln Mehl bestäuben und durch verquirltes Ei ziehen. Wer den Eimantel etwas würziger mag, reibt noch etwas Parmesan ins Ei.

Die Gefahr, die bei diesen alternativen Panaden besteht, ist, dass sie leicht anbrennen können. Deswegen ist es wichtig, das Fleisch dünn zu klopfen und das Gemüse dünn zu schneiden, um die Garzeit zu verkürzen. Das Paniergut sollten Sie immer bei niedriger Flamme erhitzen.

PROFITIPPS UND SUPER KH-ALTERNATIVEN!

Wissenschaft und Erfahrung sprechen für LOGI.

LOGI ist in aller Munde. Und das ist nicht auf irgendein findiges Marketingkonzept zurückzuführen, sondern vielmehr auf die wissenschaftliche Datenlage, die die Ernährung nach der LOGI-Methode immer mehr untermauert und rechtfertigt. Internationale, aber auch deutsche Studien zeigen, dass das LOGI-Konzept im Vergleich zu Low-Fat-Diäten ganz klar die Nase vorn hat, wenn man die Entwicklung der Stoffwechselwerte und den zu verzeichnenden Gewichtsverlust vergleicht. Insbesondere, wenn man berücksichtigt, dass in vielen Studien die Probanden der Low-Fat-Gruppe nicht nur fett-, sondern auch kalorienarm essen mussten. Die Low-Carb-Probanden konnten hingegen essen, bis sie satt waren und haben trotzdem besser abgenommen. Wer weiß, wie groß die Differenz hinsichtlich der abgenommen Pfunde zwischen beiden Gruppen bei gleicher Kalorienzufuhr gewesen wäre.

Aber nicht nur Abnehmwillige, sondern auch Diabetiker profitieren ganz klar von LOGI. Wie eine Studie der Reha-Klinik Überruh im Allgäu zeigte, konnten 50 Prozent der Typ-2-Diabetiker, die sich nach LOGI ernährten, innerhalb von drei Wochen ihre Medikamente absetzen. Neben einer Gewichtsabnahme von durchschnittlich drei Kilo in diesem Zeitraum haben sich auch viele Stoffwechselwerte deutlich verbessert. Nicht annähernd so erfreulich waren die Ergebnisse in der Vergleichsgruppe, die fettarm aß. In einer weiteren deutschen Studie konnte gezeigt werden, dass übergewichtige Menschen, die nach LOGI leben und Sport treiben, sehr viel schneller in den Fettverbrennungsbereich kommen und auch bleiben als die Probanden der Vergleichsgruppe, die sich fettarm und kohlenhydratreich ernährten. Zudem bestätigen international anerkannte Institutionen, dass man mit einer kohlenhydratreduzierten Ernährung besser abnimmt.

Und sie bewerten auch die langfristige Umsetzbarkeit dieser Ernährung als einfacher. Jahrelang wurden von der deutschen Fachgesellschaft mehr wissenschaftliche Beweise für die Rechtfertigung von Low-Carb-Kostformen gefordert. Interessanterweise gibt es bis heute keine ausreichend gesicherte Datenlage für die gesundheitlichen Vorteile der von ihnen empfohlenen fettarmen, kohlenhydratbetonten Kost! Wie auch immer: Seit 2008 ist die kohlenhydratreduzierte Ernährungsweise nach evidenzbasierter Medizin der fettarmen Diät überlegen.

Eine renommierte Fachzeitschrift veröffentlichte 2008 die Ergebnisse einer umfassenden Analyse. Diese belegte, dass Low-Carb-Diäten wie LOGI effektiver sind hinsichtlich Gewichtsabnahme sowie Umsetzbarkeit und Verbesserung von Risikofaktoren für Herz-Kreislauf-Erkrankungen. Spannend ist auch, dass sich eine fettarme Ernährung beim Diabetiker erst dann positiv auf den Zucker- und Fettstoffwechsel auswirkt, wenn mit der Ernährungsumstellung eine Gewichtsabnahme verbunden ist. Unter LOGI verbessern sich die Blutwerte unabhängig von der Gewichtsentwicklung.

ERFAHRUNGSBERICHTE.

Die Erfahrung spricht für LOGI. Seit über zehn Jahren sind wir in der Ernährungsberatung tätig. Auch wir haben Klienten mit Diabetes und Fettstoffwechselstörungen anfänglich mit einer fettarmen Kost »beglückt«.

Unsere Erfahrung dabei: So lange die Klienten Gewicht verloren haben, verbesserten sich deren Blutwerte, aber längst nicht so gut wie unter LOGI. Deutlich schlechter als im Rahmen der LOGI-Ernährung war immer die Umsetzbarkeit. Es ist doch sehr schwierig, sich außerhalb der vertrauten vier Wände fettarm zu ernähren. Auf Dauer macht es weniger Spaß, sich das Salatdressing separat bringen zu lassen. Und am besten aus dem Ölfeindosierer, damit bloß kein Gramm Fett zu viel auf dem Salat landet. Oder stellen Sie sich das Gesicht des Kochs vor, wenn Sie ihn bitten, Ihr Fleisch in Wasser anzubraten.

Vorbei sind die Zeiten, in denen man den Klienten empfohlen hat, die Butter vom Brot zu kratzen. Wie befriedigend ist es, während der Beratung in die glücklichen Gesichter zu schauen, wenn man Ihnen Steak mit Kräuterbutter zu gegrilltem Gemüse oder einen schönen Gemüseauflauf, überbacken mit Käse, empfiehlt. Ob von Klienten oder aus dem LOGI-Forum: Regelmäßig erreichen uns Erfahrungsberichte von Menschen, die mit LOGI tolle Erfahrungen gemacht haben. Ihnen, liebe Leser, wollen wir diese Erfahrungen nicht vorenthalten.

pril 2007 Oktober 2007 Januar 2009

Annette Krause aus Bochum: 32 Kilo leichter mithilfe meiner Ärztin und meiner LOGI-Trainerin!

Zu LOGI bin ich gekommen wie die Jungfrau zum Kind! Der Entschluss, abzunehmen, stand fest. Aber ich wusste, ohne professionelle Hilfe komme ich nicht weiter. Alle Diäten, die ich bisher im Alleingang ausprobiert hatte, waren von Misserfolg gekrönt. Bei einer gynäkologischen Vorsorgeuntersuchung bat ich meine Frauenärztin um Rat. Und prompt bot sie mir an, in der darauffolgenden Woche in ihrer Praxis an einem LOGI-Abnehmkurs teilzunehmen. Dieser sollte von einer zertifizierten LOGI-Trainerin geleitet werden. Ich freute mich, und sagte erstmal zu, ohne zu wissen, was LOGI überhaupt ist.

Mein nächster Gang führte mich in die Buchhandlung und anschließend in das Internet. Die Argumente im Buch der LOGI-Methode fand ich einleuchtend und plausibel. Als Brotesser fragte ich mich aber schon, ob der Mensch stirbt, wenn er weniger Brot und keine Kartoffeln mehr isst. Auch wenn ich es mir kaum vorstellen konnte auf meine heiß geliebten stärkereichen Lebensmittel zu verzichten, war ich mir sicher, zu überleben und meldete mich verbindlich zum LOGI-Kurs an. Innerhalb des ersten halben Jahres habe ich circa 20 Kilo abgenommen, die restlichen 13 Kilo habe ich im letzten Jahr hinter mir gelassen. Mein Ziel ist es, noch weitere acht Kilo abzunehmen. Das Gewicht geht langsam, aber stetig nach unten. Mittlerweile ist das LOGI-sche Essen selbstverständlich und völlig unkompliziert in unseren Alltag eingezogen. Anfragen von Freunden und Verwandten, »Wie lange dauert denn noch die Diät?«, beantworte ich mit meinem Standardspruch: »Es ist keine Diät, wir essen ganz normal, mit dem Unterschied, dass Beilagen wieder zu Beilagen werden und nicht mehr der Hauptbestandteil der Mahlzeit sind.« Mit anderen Worten – bei uns gibt es Gemüse mit Vollkornnudeln und nicht Vollkornnudeln mit Gemüse.

Fazit: Mit LOGI habe ich erfolgreich mein Gewicht regulieren können, und auch mein Mann hat 20 Kilo abgenommen. Ich kann die LOGI-Methode uneingeschränkt empfehlen, aber ein Gesetz gilt immer beim Abnehmen: Wer mehr Kalorien aufnimmt, als er verbraucht, wird zunehmen. Das Essen nach LOGI verhindert allerdings die berüchtigten Heißhungerattacken und macht es dadurch einfacher, sich satt zu essen und trotzdem weniger Kalorien aufzunehmen.

Simone Kaiser, »vorher«

Corinna Pireci, »vorher«

Simone Kaiser und Corinna Pireci, Zwillingsschwestern aus Heiningen: gemeinsam 67 Kilo leichter!

Simone Kaiser und Corinna Pireci, Zwillingsschwestern aus Heiningen, kämpften schon von Kindesbeinen an gegen ihr Übergewicht. Zahlreiche Diäten gehen auf ihr Abnehmkonto, doch leider blieben diese ohne langfristigen Erfolg. Keine Diät schmeckte. Erst mit LOGI haben die Schwestern die Abnehmmethode gefunden, die sie an ihr Ziel gebracht hat. Heute wiegen beide gemeinsam ganze 67 Kilo weniger.

Schon nach den ersten fünf Wochen zeigte die Waage zehn Kilo weniger an.

Simone: »Mit Brot und Nudeln wurde ich zwar satt, aber ich fühlte mich schlecht. Vor Jahren bemerkte ich, dass mir Salat und Fleisch viel besser bekommen, und ich beschloss, meinen Kohlenhydratverzehr zu reduzieren. Ich nahm zehn Kilo ab.«

Corinna: »Auf einer Familienfeier traf ich Simone, und augenscheinlich hatte sie abgenommen. Ich war total angespornt und wollte so schnell wie möglich auch zehn Kilo abnehmen. Ich suchte im Internet nach Abnehmmethoden und stieß auf die LOGI-Methode. Im LOGI-Forum fand ich viele Rezepte. Ich mied Zucker und reduzierte die Menge an Brot. Sättigungsbeilagen strich ich ganz von meinem Ernährungsplan. In fünf Wochen verlor ich ebenfalls zehn Kilo.«

Unsere Belohung – Konzert statt Essen!

Simone: »Auch ich informierte mich über die LOGI-Methode und kaufte mir das LOGI-Buch. Gemeinsam waren wir im Abnehm-LOGI-Fieber und tauschten uns ständig aus. Es tat mir so gut, alles mit ihr zu bereden. Wenn wir einen Durchhänger hatten, motivierten wir uns gegenseitig und belohnten uns mit Konzertkarten.«

Corinna: »Wir kommen mit LOGI gut zurecht. Morgens Quark mit Früchten, mittags Fisch oder Fleisch mit Gemüse, Salat oder Pilze, abends Mozzarella mit Tomaten.«

LOGI FÜR ALLE.
ERFAHRUNGSBERICHTE.

Beide im Januar 2009

Kreative Ablenkungsmanöver gegen Süßhunger.

Simone: »Unser Verlangen auf Süßes ist dank LOGI viel geringer geworden. Aber für den Fall, dass uns der Heißhunger doch mal heimsuchte, fingen wir an, kreative Ablenkungsmanöver zu entwickeln. Corinna fing zum Beispiel an, Staub zu saugen. Das hat den Vorteil, dass man sogar in Bewegung ist. Aber auch Zähneputzen ist eine gute Möglichkeit, dem Heißhunger zu entgehen, denn Schokolade auf Zahnpastaaroma ist nicht besonders appetitlich. Und wenn beides nichts half, dann blieb nur noch der Griff zum Hörer. Wir telefonierten und motivierten uns gegenseitig, indem wir uns immer erzählten, wie viel wir schon abgenommen haben.«

Ich bin richtig stolz auf uns!

Corinna: »Schon nach einem Jahr war ich 30 Kilo los, früher hatte ich Kleidergröße 50 und jetzt 44! Noch zehn Kilo und ich bin am Ziel. Ich fühle mich aktiver und fitter. Ein tolles Gefühl.«

Simone: »Ich habe es geschafft, 37 Kilo abzunehmen, Kleidergröße 40 passt perfekt. Ich könnte Bäume ausreißen. Eins meiner schönsten Erlebnisse war, dass ich auf einer Familienfeier von einem Verwandten nicht wiedererkannt wurde.«

Ohne Sport ist der Erfolg nur halb so schön.

»Seit drei Monaten gehen wir zweimal in der Woche ins Fitnessstudio. Wir wollen gut in Form bleiben und Haut und Bindegewebe straffen. Das Tolle am Studio ist die große Auswahl an sportlichen Aktivitäten. Da ist für uns immer was dabei. Außerdem sind wir weder vom Wetter noch von einem Trainingspartner abhängig.«

Im Februar 2007

Im März 2008

Thomas Pfister aus Villingendorf: Sport trieb mich an!

Ich bin 30 Jahre alt. Noch bis Mitte Februar 2007 habe ich 140 Kilo bei einer Größe von 1,81 Meter gewogen. Laut BMI-Tabelle zu viel, aber ich kam mit meinem Gewicht dennoch immer gut klar. Es hinderte mich nicht daran, aktiv zu sein. Ob Wandern oder Bergsteigen, ich erreichte meine Ziele trotz 140 Kilo und zwar in der angegebenen Zeit. Somit sah ich eigentlich keinen Grund abzunehmen.

Ich wollte die Alpen überqueren.

Bereits im Oktober 2006 habe ich die Planung zur Überquerung der Alpen in Angriff genommen. Als Bedingung für die Teilnahme an diesem sportlichen Event wurde eine gute Grundkondition vorausgesetzt.

Für meine Alpenüberquerung im Juli 2007 habe ich alle Voraussetzungen erfüllt, dachte ich so im Stillen. An das Abnehmen verschwendete ich immer noch keinen Gedanken. Im Januar 2007 wurde die Planung der Alpenüberquerung immer konkreter. Einige Etappen mit 20 beziehungsweise 30 Kilometern waren meines Erachtens zu bewältigen. Aber was war mit dem Rest? Reichte meine Grundkondition aus? Also fing ich an, einmal in der Woche zu schwimmen. Im Februar 2007 kam langsam der Gedanke, während des Trainings doch etwas abzunehmen, damit es ein wenig leichter werden könnte. Beim Recherchieren nach einer geeigneten, für mich umsetzbaren Abnehmstrategie, bin ich auf die LOGI-Methode gestoßen. Ich besorgte mir dann das Buch, und schon auf Seite 7 war ich überzeugt davon, meine Ernährung nach LOGI umzustellen. Die Fastnacht kam, und ich ging als Obelix verkleidet.

Fastnacht noch als Obelix, dann stellte ich auf LOGI um!

Am Aschermittwoch fing dann für mich die Fastenzeit an. Somit verzichtete ich auf Alkohol bis zum Karfreitag. Ich stellte meine Ernährung komplett auf LOGI um. Ich aß kein Brot, keine Nudeln, keine Kartoffeln, keinen Reis mehr und verzichtete weitgehend auf Zucker. Täglich trieb ich zudem Sport wie Schwimmen oder Rad fahren. Im Bekanntenkreis wurde ich anfänglich belächelt, doch mit zunehmendem Erfolg wurden diese Stimmen leiser. Pro Woche wurde ich zwei Kilo leichter. Meiner Schwester sei Dank, mied ich auch nach der Fastenzeit Alkohol. Sie erinnerte mich daran, auf diese Weise schneller meine Kilos zu verlieren. Sie hatte Recht und ich einen neuen Vorsatz: Alkohol erst wieder, wenn die Alpen überquert sind oder wenn die Waage unter 100 Kilo anzeigt. Für mein Projekt Alpenwanderung ließ ich mich noch ärztlich durchchecken. Der Arzt war zufrieden mit mir, ich war gesund und konnte starten. Am 19. Juni 2007 unterschritt ich dann endlich die magische 100-Kilo-Grenze. Aber das Bier habe ich mir trotzdem verkniffen. Auf der Hütte würde es bestimmt noch besser schmecken.

Endlich ging es los!

Im Juli 2007 war es dann so weit. Die Alpenüberquerung dauerte zwölf Tage. Statt Bier trank ich Wasser, aber auf die Kohlenhydratmenge achtete ich nicht mehr so genau, da ich deutlich mehr verbrannte als sonst. Ich habe es geschafft – dank LOGI, Sport und viel Ehrgeiz habe ich mein Ziel Alpenwanderung geschafft. Nach der Alpenwanderung habe ich Urlaub gemacht und nach LOGI gegessen. Drei Wochen später kam der Gang auf die Waage – 95 Kilo, also schon wieder fast fünf Kilo abgenommen.

Nichts ist unmöglich!

Im August 2007 habe ich dann einen Viertausender (für die bergunerfahrenen Personen, die Zugspitze liegt an die 3.000 Meter über dem Meeresspiegel) in Angriff genommen. Ohne meine Gewichtsabnahme hätte ich ihn nie geschafft. Mit 50 Kilo weniger bin ich leichter denn je. Heute wiege ich 90 Kilo, trinke kein Bier, ernähre mich nach LOGI und fühle mich super fit beim Sport.

Marco Morsch aus Rödgen: Gewichtserfolg trotz stressigen Alltags und Kantinenessen.

Bei 1,86 Meter wog ich zu meinen besten Zeiten 96 Kilo. Damit war ich zwar nicht stark übergewichtig, aber ich fing an, mich in meiner Haut unwohl zu fühlen. Die Anzughose kniff hier und da, und auch den Gürtel musste ich weiter schnallen. Es gab also zwei Möglichkeiten – entweder ich kaufe mir neue Anzüge oder ich nehme ab. Obwohl ich ein sportlicher Typ bin und zweimal pro Woche Tischtennis spiele und regelmäßig jogge, wollte sich der Zeiger auf meiner Waage einfach nicht in die richtige Richtung bewegen. Sport allein schien bei mir keinen Abnehmeffekt zu bewirken. Also ließ ich mich von einer Ernährungswissenschaftlerin coachen. Da ich zwar gerne koche, berufsbedingt aber auch viel in der Kantine und im Restaurant esse, war es mir wichtig, keinen starren Ernährungsplan befolgen zu müssen, den ich in meinem Alltag sowieso nicht einhalten könnte. Meine Ernährungsberaterin stellte mir LOGI vor, und ich war von der Einfachheit dieses Konzeptes begeistert. Anfangs schickte ich ihr noch meine Kantinenpläne und die Restaurantkarten.

Sie gab mir Tipps und kreuzte an, welche Gerichte in welcher Kombination in mein Ernährungskonzept passen. An Steak oder Fisch mit reichlich Gemüse und Salat habe ich mich stets satt gegessen. Beilagen wie Pommes, Nudeln oder Brot kamen erst gar nicht auf das Tablett. Heute ist mir LOGI in Fleisch und Blut übergegangen, und ich kann es überall umsetzen – im Urlaub, im Restaurant, im Büro. Vor allem für berufstätige Menschen, die viel außer Hause essen, ist LOGI klasse. Den Gürtel darf ich jetzt wieder enger schnallen, denn heute wiege ich 86 Kilo. Neue Anzüge muss ich mir aber trotzdem kaufen, zu meiner Freude eine Konfektionsgröße kleiner. Dennoch muss ich immer aufpassen. Sobald ich über einen längeren Zeitraum den Kohlenhydraten in Form von Nudeln, Brot und Süßkram zum Opfer falle, schnellt das Gewicht sehr rasch wieder nach oben. Wenn ich aber maßvoll sündige und Sport treibe, schaffe ich es, mein Gewicht zu halten. Am Ball bleiben ist eben alles!

LOGI FÜR ALLE. ERFAHRUNGSBERICHTE.

enate Kuhn heute

Renate Kuhn aus Nürnberg: Ich brauche kein Insulin mehr – LOGI sei Dank!

Vor 20 Jahren wurde bei mir Diabetes festgestellt. Stattliche 115 Kilo brachte ich zu dieser Zeit auf die Waage. Nicht selten wachte ich mit einem extrem hohen Blutzucker von 300 mg/dl auf. Im Vergleich: Gesunde Menschen haben Nüchternwerte von unter 100 mg/dl. Mein Langzeitzucker (HbA_{1c}) lag mit acht bis neun Prozent auch deutlich über dem Normbereich von unter sechs Prozent. Ich kam bei solchen Werten nicht drumherum, sehr viel Insulin zu spritzen. In herkömmlichen Diabetikerschulungen wurde mir empfohlen, meine tägliche Energieaufnahme zu 55 Energieprozent aus Kohlenhydraten zu decken und wenig Fett zu essen. Logisch erschien mir dieser Rat nicht, denn warum soll ich von dem Nährstoff am meisten essen, den ich am wenigstens verwerten kann? Erst durch meinen Diabetologen bin ich auf LOGI aufmerksam geworden. Er ist überzeugt von dieser Methode und gab mir das Buch von Dr. Nicolai Worm zu lesen. Ich war begeistert, endlich eine Ernährungsform, die mich nicht zwingt, jeden Bissen vorher abzuwiegen und Kalorien zu zählen.

Am 24. November 2007 startete ich mit LOGI in ein neues Leben. Ich habe innerhalb von sieben Monaten 30 Kilo abgenommen und meinen Langzeitzucker auf 6,4 Prozent deutlich verbessert. Insulin brauche ich nicht mehr! Zwar nehme ich noch Tabletten ein, aber mit LOGI erreiche ich Werte, von denen ich vorher nie zu träumen gewagt habe. Ich fühle mich wie ein junger Fisch im Wasser. Die Entdeckung von LOGI ist und bleibt für mich das Beste, was mir passieren konnte, denn ich hätte mich sonst ins Grab ernährt.

WWW.LOGI-METHODE.DE

ÜBER 120 NEUE LOGI-REZEPTE

Franca Mangiameli und Heike Lemberger wünschen viel Spaß beim Ausprobieren, Kochen und Genießen – und danken noch einmal ganz herzlich allen LOGI-Freunden, die mit so viel Engagement und Begeisterung an dieser Rezeptsammlung mitgewirkt haben.

Noch etwas: Achten Sie besonders auf die vielen cleveren LOGI-Tricks und Hintergrundinfos, die sich – mit roten Pfeilen und grünen Balken gekennzeichnet – in den Rezepten finden!

LOGI METHODE

Parmesancracker

Gemüsechips

2 FÜR **Parmesancracker.** 60 g Parmesan. 10 Rosmarinblätter oder Thymianzweige. 1 EL gehackte glatte Petersilie. Backpapier.

Den Backofen auf 200° (Umluft 180°) vorheizen. Ein Backblech mit Backpapier belegen. Den Parmesan fein reiben. Die Kräuter waschen, fein hacken und mit dem Parmesan mischen. Jeweils 1 EL Parmesan, schwach gehäuft, auf das Blech legen und mithilfe eines Schnapsglases rund formen. Die Cracker 3–4 Minuten (oben) backen, bis der Parmesan zerlaufen ist und sich leicht goldgelb färbt. Herausnehmen und etwas abkühlen lassen. Um überschüssiges Fett abzusaugen, die Cracker noch warm auf Küchenkrepp legen.

1 Portion Parmesancracker (30 g): ca. 100 kcal, 11 g Eiweiß (44E%); 6 g Fett (56E%), < 0,1 g Kohlenhydrate (0E%). Dieser Snack liefert 350 kcal pro 100 g.

Kosten: Pro Portion etwa 0,70 Euro.

2 FÜR **Gemüsechips.** 500 g Gemüse (zum Beispiel Petersilienwurzel, Kohlrabi, Sellerie oder Möhren). 2 EL Olivenöl. Nach Geschmack Meersalz. Backpapier.

Backofen auf 210° (Grillstufe) vorheizen. Ein Backblech mit Backpapier belegen. Gemüse schälen, in 2 mm dicke Scheiben schneiden und mit 1 EL Olivenöl ausstreichen. Gemüsescheiben auf dem Backblech verteilen, mit dem restlichen Öl bepinseln und mit Meersalz bestreuen. Im Backofen auf oberster Schiene ca. 15 Minuten backen. Dann den Backofen ausschalten, öffnen und die Gemüsescheiben in der restlichen Hitze trocknen.

1 Portion Gemüsechips (45 g): ca. 145 kcal, 7 g Eiweiß (15 E%), 7 g Fett (45E%), 14 g Kohlenhydrate (40 E%). Dieser Snack liefert 322 kcal pro 100 g.

Kosten: Pro Portion etwa 0,70 Euro.

Shakes aus Obst und Eiweiß bereitet sich Bettina Kamphausen aus Renningen immer zu, wenn sie leichten Hunger und Lust auf etwas Süßes hat. »Die machen mich satt, schmecken gut, und ich weiß, was drin ist.«

2 FÜR

Nektarinen-Joghurt-Shake. 2 Nektarinen. 300 g Joghurt (3,5 % Fett). 1 EL Honig. Mark 1 Vanilleschote. 1 EL Mandelmus. 200 ml Mineralwasser.

Die Nektarinen schälen, den Kern entfernen und das Fruchtfleisch würfeln. In einen Mixbecher geben. Joghurt, Honig, Vanillemark, Mandelmus und Mineralwasser dazugeben und mit einem Pürierstab zu einem cremigen Shake pürieren. Gut gekühlt servieren!

1 Portion Nektarinen-Joghurt-Shake (400 g): ca. 235 kcal, 7 g Eiweiß (12E%), 9 g Fett (42E%), 26 g Kohlenhydrate (46E%). Dieser Shake liefert nur 57 kcal pro 100 g.

Kosten: Pro Portion etwa 3,00 Euro.

1 FÜR

Exotischer Kokos-Ananas-Shake. 150 g frische Ananas (geschält gewogen) plus 1 Scheibe Ananas zur Dekoration. 75 ml Kokosmilch. 75 ml Buttermilch. 1 Zitronenschnitz. 1 Handvoll Kokosflocken. Zitronenmelisse zur Dekoration. 5 Eiswürfel.

Die Ananas in kleine Rauten schneiden. Mit der Kokosmilch, der Buttermilch und den Eiswürfeln in den Mixer geben und auf höchster Stufe pürieren. Den Rand des Glases außen mit dem Zitronenschnitz einreiben, sodass ein schmaler Streifen mit Saft benetzt wird. 1 Häufchen Kokosflocken auf einen Teller geben und den Glasrand rundum hineindrücken, sodass ein Kokosrand entsteht. Den Shake in das Glas gießen und mit Zitronenmelisse und einer Scheibe Ananas dekorieren.

1 Portion Exotischer Kokos-Ananas-Shake (300 g): ca. 210 kcal, 6 g Eiweiß (12E%), 11 g Fett (47E%), 21 g Kohlenhydrate (41E%). Dieser Shake liefert nur 69 kcal pro 100 g.

Kosten: Pro Portion etwa 1,50 Euro.

1 FÜR

Wassermelonen-Shake. 200 g Wassermelone (geschält gewogen, entkernt). 100 ml Buttermilch. 1 Scheibe Kiwi zur Dekoration 5 Eiswürfel.

Das Fruchtfleisch der Wassermelone in Würfel schneiden, in einen Mixer geben, die Eiswürfel hinzufügen und zu einem glatten Shake pürieren. In ein Glas füllen. Das Glas leicht schräg halten und die Buttermilch vorsichtig zugießen. Mit einer Scheibe Kiwi dekorieren.

1 Portion Wassermelonen-Shake (275 g): ca. 95 kcal, 6 g Eiweiß (20E%), <1 g Fett (8E%), 17 g Kohlenhydrate (72E%). Dieser Shake liefert nur 35 kcal pro 100 g.

Kosten: Pro Portion etwa 0,40 Euro.

Mit diesem kalten Süppchen als kleine Vorspeise verwöhnt Halina Touchton aus München auch gerne ihre Gäste.

2 FÜR

Gazpacho in Gurke. 2 Tomaten. 1 Schalotte. ½ Chilischote. ½ Tasse frisch gehackter Koriander. 1 EL Zitronensaft. 1 Tasse Tomatensaft. 1 große Salatgurke. Nach Geschmack Salz und Pfeffer.

Die Tomaten über Kreuz einschneiden und mit kochendem Wasser überbrühen, 1 Minute ziehen lassen, kalt abschrecken und die Haut abziehen. Den Stielansatz entfernen und die Früchte grob würfeln. In einen hohen Rührbecher geben. Die Schalotte abziehen und würfeln, die Chili waschen, die Kernchen entfernen und die halbe Schote in feine Streifen schneiden. Schalotte, Chili, Koriander, Zitronensaft zu den Tomaten geben und alles fein pürieren. Den Tomatensaft unterrühren und die Suppe mit Salz und Pfeffer abschmecken. Gazpacho zudecken und mindestens 1 Stunde kalt stellen.

Die Gurke schälen und in etwa 4 cm lange Stücke schneiden. Mit einem Teelöffel die Kernchen entfernen und die Gurke so aushöhlen, dass ein etwa fingerdicker Boden bleibt. Auf 2 Tellern je 4 Gurkentässchen setzen und diese jeweils mit Gazpacho füllen.

TIPP · TIPP · TIPP · TI

Eine kalte Gazpacho ist eine erfrischende, sommerliche Vorspeise! Diese hier wird aus den »Gurkentässchen« geschlürft, die anschließend einfach mitverzehrt werden können. Sozusagen Suppe mit Biss.

Beim Bearbeiten der Chilischote am besten Einweghandschuhe tragen, denn ihr Scharfstoff Capsaicin lässt sich schwer wieder von den Händen entfernen. Und es brennt höllisch, wenn man ihn in den Mund oder die Augen bekommt!

1 Portion (4 Tässchen) Gazpacho in Gurke (350 g): ca. 55 kcal, 3 g Eiweiß (24E%), 0,5 g Fett (11E%), 7 g Kohlenhydrate (65E%). Dieses Süppchen liefert nur 15 kcal pro 100 g.

Kosten: Pro Portion etwa 1,00 Euro.

Logisch LOGI, aber nur mit dieser Suppe, findet Heike Lemberger! »Bei Mama schmeckt es immer am besten. Eines meiner heimischen Lieblingsgerichte ist die Eberbacher Klößchensuppe – ‚Klumpensuppe' genannt. Meine Mutter macht sie mit Reis, Grießklößchen, Fleisch und Gemüse. Früher habe ich mir immer die Klößchen rausgepickt, weil ich deren Konsistenz so mag. Da ich auf meine Klumpensuppe nicht verzichten mag, habe ich für die LOGI-Ernährung eine neue Variante entwickelt.«

2 FÜR

Eberbacher Klößchensuppe. **250 g Ricotta. 1 Ei. 1 Eiweiß. 50 g geriebener Parmesan. 50 g Weizenmehl. 30 g fein gemahlene Mandeln. 300 g Rindfleisch. 250 g Blumenkohl. 250 g Möhren. 280 g Erbsen (aus der Dose). 2 Würfel klare Fleischsuppe (für je 500 ml).**

Für die Klöße den Ricotta mit dem Ei, Eiweiß, Parmesan, Mehl und den gemahlenen Mandeln zu einer glatten Masse verrühren. Diese in ein feuchtes Geschirrtuch geben und fest einrollen. Die Enden zudrehen und den Kloßteig im Kühlschrank 2 Stunden ruhen lassen. Dann Salzwasser zum Kochen bringen und das Rindfleisch in einem Stück etwa 10 Minuten bei mittlerer Hitze kochen lassen. Anschließend in mundgerechte Stücke schneiden. In einem zweiten Topf reichlich Wasser zum Kochen bringen, salzen. Vom Kloßteig mit einem Esslöffel kleine Klöße (etwa 2 cm Durchmesser) abnehmen und formen. Ins kochende Wasser gleiten lassen und garen, bis sie an der Oberfläche schwimmen. Herausnehmen und beiseite stellen. Den Blumenkohl vom Strunk befreien, putzen und sehr fein raspeln. Die Möhren putzen, waschen und in feine Würfel schneiden. Die Erbsen in einem Sieb abtropfen lassen. Die Fleischbrühwürfel auflösen und in 1 Liter heißem Wasser zum Kochen bringen. Das Fleisch, die Möhren, die Erbsen und die Klöße hinzufügen. Im offenen Topf 7–10 Minuten sprudelnd kochen lassen. Den geraspelten Blumenkohl erst unmittelbar vor dem Servieren unterrühren und 2 Minuten mitkochen lassen.

KOHLEN HYDRATE SPAREN

Die Eberbacher Klößchensuppe wird mit Hartweizengrieß und Reis gekocht. Für die LOGI-Suppe wird der Grieß durch Ricotta, der Reis durch Blumenkohl ersetzt. Das summiert sich zu einem hübschen Kohlenhydrat-Spareffekt: Eine Portion der Eberbacher Klößchensuppe spart 56 Prozent Kohlenhydrate ein.

1 Portion Eberbacher Klößchensuppe (590 g): ca. 500 kcal, 44 g Eiweiß (36E%), 26 g Fett (47E%), 21 g Kohlenhydrate (17E%). Diese Suppe liefert nur 85 kcal pro 100 g.

Kosten: Pro Portion etwa 5,40 Euro.

Auf dieses Rezept schwört Bettina Kamphausen aus Renningen – Heißhungerattacken adieu! »Häufig habe ich festgestellt, dass auf eine kohlenhydratreiche Mahlzeit relativ schnell eine Heißhungerattacke folgt. Um dies zu vermeiden, stellte ich meine Ernährung zunächst auf das GLYX-Prinzip um. Erst im Zuge der Rezeptsuche im Internet bin ich auf LOGI gestoßen. Ziemlich schnell merkte ich, dass diese Methode äußerst positive Effekte auf mein Wohlbefinden hatte: seltener Heißhunger und empfundene Unterzuckerungserscheinungen, geringere Infektanfälligkeit sowie weniger Migräneattacken. Insbesondere die Tatsache, dass ich gut essen kann ohne zuzunehmen, gefiel mir gut.«

FÜR 2

Selleriecremesuppe mit Schinken. 500 g Knollensellerie (geputzt gewogen). 1 EL Rapsöl. 600 ml Fleischbrühe. 4 Scheiben roher, geräucherter Schinken. 25 g Kürbiskerne. 200 ml Vollmilch (3,5 % Fett). 100 g Sahne. 1 Prise Muskatnuss. Nach Geschmack Salz und Pfeffer.

Den Knollensellerie putzen, waschen und würfeln. In einem Suppentopf das Öl erhitzen und den Sellerie darin anschwitzen, bis er leicht gebräunt ist. Mit der Brühe ablöschen und bei schwacher Hitze 15–20 Minuten leise köcheln lassen, bis der Sellerie weich ist. In der Zwischenzeit den Schinken würfeln und die Kürbiskerne hacken. Die Suppe pürieren. Milch und Sahne einrühren. Mit Salz, Pfeffer und geriebener Muskatnuss abschmecken. Auf 2 Tellern anrichten und mit Schinken und Kürbiskernen bestreuen.

1 Portion Selleriecremesuppe mit Schinken (680 g): ca. 460 kcal, 25 g Eiweiß (22E%), 34 g Fett (66E%), 13 g Kohlenhydrate (12E%). Diese Suppe liefert nur 68 kcal pro 100 g.

Kosten: Pro Portion etwa 1,30 Euro.

Eva Herkner aus Wien verriet uns dieses Rezept. »LOGI ist meine Ernährungsform« lautet mittlerweile ihre Philosophie! »Durch die Sendung ‚Was Großmutter noch wusste' bin ich auf Dr. Nicolai Worm aufmerksam geworden. Seine Argumente empfand ich immer sehr plausibel, fundiert und informativ – ebenso seine Ernährungsmethode – eben LOGI. Im August 2004 habe ich mich dann im LOGI-Forum angemeldet, um mich mit anderen auszutauschen. Damals habe ich mit LOGI in elf Monaten 14 Kilo abgenommen (von 73 auf 59 Kilo). Diesem ersten großen Gewichtsverlust folgte ein dreimonatiges Gewichtsplateau. Aber genau in dieser Phase lernte ich den Wert von LOGI kennen. Denn obwohl das Gewicht stagnierte, blieb der Essgenuss erhalten. Ich wollte meine Ernährung nie wieder ändern, weil ich mich damit körperlich und letztendlich auch seelisch so wohl fühlte, dass der Wunsch nach einer weiteren Gewichtsabnahme sekundär wurde. Bis heute ernähre ich mich genussvoll nach LOGI.«

2 FÜR **Cremige Topinambur-Bohnensuppe.** 40 g getrocknete weiße Bohnen. 1 Lorbeerblatt. 1 Schalotte. 200 g Topinambur (geschält gewogen). ½ TL frisch geriebener Ingwer. 1 Knoblauchzehe. 20 g Butter. 500 ml Gemüsebrühe. 1 unbehandelte Zitrone. 1 TL Rapsöl. 4 Eigelbe. 50 g Sahne. 1 EL gehackte Petersilie. Nach Geschmack Salz, Pfeffer und Muskatnuss.

Am Vortag die Bohnen einweichen. Am Zubereitungstag das Einweichwasser abgießen. Die Bohnen mit dem Lorbeerblatt in kaltem Wasser aufsetzen und in 30–40 Minuten weich kochen. Das Wasser abgießen, das Lorbeerblatt herausnehmen und die Bohnen beiseite stellen. Die Schalotte abziehen und würfeln. Den Topinambur dünn schälen, in dünne Scheiben schneiden. Einige feine Scheiben für die Garnitur beiseite legen. Den Ingwer schälen, den Knoblauch abziehen und in feine Scheiben schneiden. Die Butter in einem kleinen Suppentopf schmelzen lassen. Die Schalotte darin glasig anbraten, Knoblauch und den fein geriebenen Ingwer kurz mitschmoren. Den Topinambur zugeben und kurz rösten. Mit der Brühe ablöschen. Bohnen und etwas abgeriebene Zitronenschale unterrühren. Bei geschlossenem Deckel bei mittlerer Hitze 15 Minuten köcheln lassen. Das weiche Gemüse mit dem Pürierstab fein pürieren. Mit Salz, Pfeffer, Muskatnuss und einem Spritzer Zitronensaft abschmecken. Die für die Garnitur zurückgelegten Topinamburscheiben in wenig Öl knusprig ausbraten. Die Eigelbe mit der Sahne verquirlen, die Suppe vom Herd nehmen. Die Eier-Sahne gleichmäßig in die nicht mehr kochende Suppe rühren. Die Suppe auf 2 Tellern verteilen, mit Petersilie bestreuen und mit den frittierten Topinamburscheiben garnieren.

1 Portion Cremige Topinambur-Bohnensuppe (459 g): ca. 440 kcal, 15 g Eiweiß (14E%), 35 g Fett (72E%), 15 g Kohlenhydrate (14E%). Diese Suppe liefert nur 94 kcal pro 100 g.

Kosten: Pro Portion etwa 0,90 Euro.

Auf die Suppe fertig los! Suppen und Eintöpfe sind die echten LOGI-Stars, denn sie sind nicht nur schmackhaft, sondern machen auch lange satt. In verschiedenen Experimenten konnte gezeigt werden, dass Suppen den Hunger reduzieren. Isst man eine Suppe vorweg, kann das die Nahrungsmenge und damit die Kalorien in der darauf folgenden Hauptmahlzeit bis zu 20 Prozent senken. Weiterhin fand man heraus, dass ein Gericht, das aus einzelnen Lebensmitteln besteht und zu dem ein Glas Wasser gereicht wird, einen geringeren Sättigungseffekt hat, als die gleiche Mahlzeit, die aber mit dem Wasser zu einer Suppe püriert wird. Die Verweildauer der Suppe im Magen scheint länger zu sein.

Fazit: Suppen sättigen besser als feste Speisen. Ob als Vorspeise oder Hauptmahlzeit – mit einer Suppe werden Sie sicherlich eine gute Figur machen.

Dieses Rezept stammt von Ivonne Schilling aus Hamburg. Die Ernährungsberaterin hat ihre Ernährung entgegen vermeintlich besseren Wissens grundlegend umgestellt. Sie praktiziert LOGI nach dem Motto »Es geht auch ohne Fleisch«: »Als ich LOGI kennenlernte war ich erst einmal skeptisch. Viel Fleisch soll gesund sein, Vollkornbrot schädlich? Das passte nicht unbedingt zu dem, was wir Oecotrophologen mehrere Jahre an Universitäten und Fachhochschulen lernen! Unvorstellbar war für mich der Gedanke, auf meine fleischlosen Grundlagen wie Kartoffeln, Brot oder Nudeln zu verzichten. Viel bliebe dann ja nicht mehr übrig, und woher sollte dann noch Abwechslung in den Speiseplan kommen? Dank des LOGI-Forums habe ich jedoch tolle vegetarische Rezepte entdeckt, die auch zu meiner Ernährungsform passen. Ich hätte nie gedacht, dass es so viele Möglichkeiten gibt, sich lecker ohne Fleisch, oder Fisch – und trotzdem kohlenhydratarm zu ernähren.«

FÜR 2

Apfel-Ingwer-Curry-Suppe. 2 säuerliche Äpfel. 300 g Lauch (geputzt gewogen). 1 Knoblauchzehe. 1 EL Rapsöl. 1 TL frisch geriebener Ingwer. 1 TL Currypulver. 500 ml Gemüsebrühe. 125 g saure Sahne. 100 ml Kokosmilch. Salz.

Die Äpfel schälen, vierteln, das Kerngehäuse herausschneiden und das Fruchtfleisch in mittelgroße Würfel schneiden. Etwa ¼ der Apfelstücke beiseite legen. Den Lauch putzen, waschen und die weißen und hellgrünen Teile in Ringe schneiden. Den Knoblauch abziehen und fein würfeln. Das Öl in einem Topf erhitzen. Äpfel, Lauch, Knoblauch und Ingwer darin kurz anbraten. Mit Currypulver bestäuben und noch ½ Minute unter Rühren rösten. Mit der Brühe ablöschen und das Gemüse in 6–10 Minuten weich kochen. Den Topf vom Herd nehmen. Die saure Sahne und die Kokosmilch hinzufügen und alles fein pürieren. Mit Salz und Currypulver abschmecken. Die übrigen Apfelstücke in die Suppe geben und servieren!

1 Portion Apfel-Ingwer-Curry-Suppe (650 g): ca. 355 kcal, 7 g Eiweiß (8E%), 25 g Fett (64E%), 25 g Kohlenhydrate (28E%). Diese Suppe liefert nur 55 kcal pro 100 g.

Kosten: Pro Portion etwa 1,20 Euro.

Dieses Rezept kommt aus Belgien. M. Mollard Maryse aus Turnhout hat es eingereicht. Ihr Motto ist: »Stricken statt Mampfen!« Auf Belgisch: »Niet schrokken, breien!« Das ist auch das Motto ihrer Abnehmgruppe. Die Idee dahinter ist einfach: Langeweile verführt zum Naschen. Wer sich ablenkt, ist besser dran. Ihre Ernährung basiert auf dem Prinzip der Kohlenhydratreduktion und dem Vorsatz, täglich Sport zu treiben, um einen Muskelabbau im Zuge des Abnehmens zu vermeiden. Die Gruppenbeste hat 80 Kilo abgenommen. Bei einer Größe von 1,60 Meter wiegt sie nun um die 75 Kilo. Ein erstaunliches Ergebnis, denn sie hat sich sozusagen halbiert! Weiter abnehmen möchte sie jedoch nicht, weil sie sich auch »mollig« wohlfühlt.

FÜR 4

Marokkanischer Hühncheneintopf. 1 EL Weizenmehl. 1 TL gemahlener Koriander. 1 TL gemahlener Cumin (Kreuzkümmel). 1 TL Paprika edelsüß. ½ TL Zimt. 400 g Hähnchenschenkel (entbeint und ohne Haut). 2 Zwiebeln. 3 Knoblauchzehen. 2 EL Olivenöl. 250 g Zucchini. 250 g Aubergine. 250 g Paprika. 100 g schwarze entsteinte Oliven. 1 große Dose geschälte Tomaten (800 g). 200 g Kichererbsen (aus der Dose). 8 Minzeblättchen. Nach Geschmack Salz und Pfeffer. 1 3-l-Gefrierbeutel.

Mehl, Koriander, Cumin, Paprika, ½ TL Salz, ½ TL Pfeffer und Zimt in einen Gefrierbeutel geben und gut schütteln. Das Fleisch waschen, trocken tupfen, in mundgerechte Stücke schneiden und in den Gefrierbeutel geben. Gut schütteln, damit das Fleisch rundum mit der Gewürzmischung bedeckt ist. Die Zwiebeln abziehen und in Ringe schneiden. Den Knoblauch abziehen und fein würfeln. Das Öl in einer großen Pfanne erhitzen. Zwiebeln und Knoblauch darin glasig andünsten. Das Fleisch in die Pfanne geben und unter Rühren scharf anbraten. Bei reduzierter Hitze noch 3–4 Minuten braten. Zucchini, Aubergine und Paprika waschen, putzen und in mundgerechte Stücke schneiden. Zum Fleisch geben und mitschmoren lassen. Die abgetropften Oliven in Scheiben schneiden. Die Tomaten aus der Dose in Stücke schneiden. Tomaten und Oliven mit den abgetropften Kichererbsen und 250 ml Wasser ebenfalls hinzufügen. Alles erneut aufkochen und 20–25 Minuten bei geschlossenem Deckel leise köcheln lassen. Dabei gelegentlich umrühren. Den Hühnereintopf auf 4 Tellern anrichten, mit frischer Minze garnieren und sofort servieren.

1 Portion Marokkanischer Hühncheneintopf (466 g): ca. 475 kcal, 36 g Eiweiß (26E%), 25 g Fett (55E%), 19 g Kohlenhydrate (16E%). Dieser Eintopf liefert 102 kcal pro 100 g.

Kosten: Pro Portion etwa 1,80 Euro.

Dieses Rezept wurde von Jörg Kasten aus Visbek eingereicht. Sein Motto: »Brötchen gibt es nur noch sonntags!« Jörg Kasten hat in den letzten 3,5 Monaten fünf Kilo abgenommen, wobei er nicht eine Heißhungerattacke hatte. Dies war für ihn das entscheidende Argument für LOGI, denn das war bei früheren Versuchen immer sein größtes Problem. »Brötchen, Nudeln, Reis, Kartoffeln gibt es nur noch sonntags und dann in wesentlich geringerer Menge als früher. Ansonsten esse ich Gemüse, Obst, Fleisch, Fisch, Eier, Milchprodukte und Nüsse nach Lust und Laune. Interessant finde ich auch, wie sich mein Geschmacksempfinden änderte. Bratkartoffeln, früher eines meiner Leibgerichte, schmecken heute nur noch nach Pappe. Auf Brot habe ich gar keinen Appetit mehr.«

4 FÜR

Erbsensuppe Mutter Courage. 200 g getrocknete, ungeschälte Erbsen. 75 g Sellerie (geschält gewogen). 200 g getrocknete geschälte Erbsen. 750 ml klare Rinderbrühe. 350 g Zwiebeln. 400 g Lauch. 250 g durchwachsener Speck. 250 g Hackfleisch (halb und halb) oder 300 g Fleischwurst. 350 g Möhren. ½ Bund Petersilie. ½ TL Kerbel. ½ TL Majoran. 1 Prise geriebener Muskat. Nach Geschmack Salz und Pfeffer.

Die ungeschälten Erbsen 6 Stunden in kaltem Wasser einweichen. Den Sellerie schälen, würfeln und mit den geschälten Erbsen in 350 ml Brühe weich kochen. Die Suppe pürieren und warm stellen, aber nicht mehr kochen lassen. Die ungeschälten Erbsen in 400 ml Brühe weich kochen. Die Zwiebeln abziehen, den Lauch putzen und waschen, beides würfeln. Den Speck fein würfeln, in einer Pfanne ohne Fett auslassen, bis er knusprig ist. Auf Küchenkrepp geben, um überschüssiges Fett aufzusaugen. In seinem Fett Zwiebeln und Lauch weich dünsten. Zum Selleriepüree geben und fein pürieren. Die gegarten, ungeschälten Erbsen samt Brühe unter das Püree rühren. Je nach gewünschter Konsistenz noch etwas heißes Wasser zugeben. Das Hackfleisch krümelig anbraten und unter den Eintopf rühren. Die Möhren putzen, waschen und in sehr kleine Würfel schneiden. Mit der gehackten Petersilie in den Eintopf mischen. Mit Kerbel, Majoran, Muskat, Salz und Pfeffer abschmecken. Die Speckwürfel wahlweise untermischen oder getrennt dazu reichen.

1 Portion Erbsensuppe Mutter Courage (500 g): ca. 390 kcal, 33 g Eiweiß (33E%), 14 g Fett (31E%), 35 g Kohlenhydrate (36E%). Diese Suppe liefert nur 79 kcal pro 100 g.

Kosten: Pro Portion etwa 2,00 Euro.

4 FÜR **Wirsingeintopf mit Speck.** 125 g durchwachsener Speck. 200 g Möhren. 150 g Petersilienwurzel. 500 g Wirsing. 1 Frühlingszwiebel. 1 Knoblauchzehe. ½ Bund glatte Petersilie. 1 TL Rapsöl. 1,5 l Gemüsebrühe. 100 g grüne Bohnen. 150 g gegarte weiße Bohnen (aus der Dose). 1 EL Olivenöl. Nach Geschmack Salz und Pfeffer.

Den gewürfelten Speck in einer Pfanne ohne Fettzugabe kross braten und beiseite stellen. Die Möhren und Petersilienwurzeln schälen und fein würfeln. Die Wirsingblätter waschen, trocken schütteln und in feine Streifen schneiden. Die Frühlingszwiebel putzen und den weißen und hellgrünen Teil in dünne Ringe schneiden. Den Knoblauch abziehen und fein würfeln. Die Petersilie kalt abbrausen, trocken schütteln und fein hacken. In einem großen, hohen Topf das Rapsöl erhitzen. Frühlingszwiebel und Knoblauch darin andünsten. Mit Gemüsebrühe ablöschen und diese zum Kochen bringen. Möhren, Petersilienwurzeln, Wirsing, grüne Bohnen und Petersilie hineingeben, mit Salz und Pfeffer würzen und 15 Minuten köcheln lassen. Die weißen Bohnen und das Olivenöl unterrühren und die Suppe noch 5 Minuten garen. Den Eintopf mit den Speckwürfelchen servieren.

1 Portion Wirsingeintopf mit Speck (583 g): ca. 240 kcal 16 g Eiweiß (27E%), 13 g Fett (46E%), 17 g Kohlenhydrate (25E%). Dieser Eintopf liefert nur 42 kcal pro 100 g.

Kosten: Pro Portion etwa 1,00 Euro.

2 FÜR

Birnen-Gorgonzola-Salat. 2 Chicorées. 1 Kopf Radicchio. 1 Rote Bete (gekocht). 50 g Gorgonzola. 2 kleine Birnen. 25 g Pistazien. 1–2 EL Himbeeressig. ½ TL Honig. 1 EL Haselnussöl (oder Walnussöl). 1 EL Milch. Salz nach Geschmack. Sprossen zum Garnieren.

Bei den Chicorées und dem Radicchio den Strunk ab- beziehungsweise herausschneiden. Die Blätter voneinander lösen und waschen. Die Radicchio-Blätter trocken schleudern. Chicorée und Radicchio in feine Streifen schneiden. Die Rote Bete abbrausen, trocken tupfen und fein würfeln. Den Gorgonzola ebenfalls würfeln. Die Birnen schälen, das Kerngehäuse herausschneiden und das Fruchtfleisch würfeln. Die Pistazien in einer beschichteten Pfanne ohne Fett bei mittlerer Hitze rösten bis sie duften. Salate, Rote Bete, Gorgonzola, Birnen und Pistazien in einer Salatschüssel mischen. Für das Dressing den Himbeeressig mit etwas Salz und dem Honig verrühren. Mit Öl und Milch gleichmäßig zu einer cremigen Sauce verschlagen. Den Salat damit begießen und mit Sprossen garnieren.

TIPP *Schmeckt als leichter Snack oder Beilage zu einem saftig gebratenen Rinderfilet oder Rumpsteak.*

1 Portion Birnen-Gorgonzola-Salat (289 g): ca. 320 kcal, 10 g Eiweiß (14E%), 22 g Fett (61E%), 21 g Kohlenhydrate (25E%). Dieser Beilagensalat liefert 111 kcal pro 100 g.

Kosten: Pro Portion etwa 2,45 Euro, mit 150 g Rinderfilet 7,70 Euro.

2 FÜR

Chicken-Nuggets mit Mangosalat. 150 g reife Mango (geschält gewogen). 100 g kernlose Trauben. 150 g Lollo Bianco. 250 g Hähnchenbrustfilet. 15 g Mehl. 1 Ei. 30 g geriebener Parmesan. 25 g gemahlene Haselnusskerne. 1 EL Erdnussöl. 2 EL Himbeeressig. ½ TL Honig. 1 EL Haselnussöl (oder Walnussöl). 1 EL Milch. Salz und Pfeffer nach Geschmack.

Die Mango schälen, das Fruchtfleisch vom Kern lösen und klein schneiden. Die Weintrauben heiß waschen, kalt abschrecken, trocken tupfen und eventuell halbieren. Die Salatblätter lösen, waschen, trocken schleudern und in mundgerechte Stücke zupfen. Mango, Trauben und Salat in einer Salatschüssel mischen. Das Hähnchenbrustfilet kalt abbrausen, trocken tupfen und in dünne Streifen schneiden. Diese salzen und mit dem Mehl gleichmäßig bestäuben. Das Ei in einem tiefen Teller verquirlen. Den Parmesan in einem flachen Teller mit den Haselnüssen mischen. Die Hähnchenstreifen durch das Ei ziehen und in der Parmesanpanade wenden. Das Erdnussöl in einer beschichteten Pfanne erhitzen, die Hähnchenstreifen darin rundum kross anbraten. Für das Dressing den Essig mit 1 Prise Salz und dem Honig verrühren. Mit Nussöl und Milch gleichmäßig zu einer cremigen Sauce verschlagen. Den Salat damit begießen und mit Salz und Pfeffer abschmecken.

Tipp *Statt gemahlener Nüsse können Sie auch gehackte Nüsse verwenden. Statt Lollo Bianco auch einen Kopfsalat.*

KOHLENHYDRATE SPAREN *Die extraknackige und aromatische Panade aus Parmesan und Nüssen ersetzt die langweilige und kohlenhydratlastige Semmelbröselpanade. Allein das führt zu einem Kohlenhydrat-Spareffekt von fast 50 Prozent Kohlenhydraten gegenüber einer vergleichbaren Portion Nuggets mit Paniermehl.*

1 Portion Chicken-Nuggets mit Mangosalat (418 g): ca. 535 kcal, 32 g Eiweiß (32E%), 28 g Fett (47E%), 27 g Kohlenhydrate (21E%). Dieses Hauptgericht liefert 128 kcal pro 100 g.

Kosten: Pro Portion etwa 3,60 Euro.

SEITE 57

2 FÜR

Beeriger Ziegenkäsesalat mit Feigen. 2 Scheiben Ziegenkäserolle (etwa 150 g). 1 TL Honig. 20 g Sesamsaat. 100 g Feldsalat. 200 g Erdbeeren. 4 frische Feigen. 1 EL Milch. 2 EL Himbeeressig. 1 EL Walnussöl. 2 TL rosa Pfefferbeeren. 2 TL Feigenmarmelade. 2 getrocknete Thymianzweige. Backpapier.

Den Backofen auf 180° Oberhitze (160° Umluft) vorheizen. Den Ziegenkäse auf ein mit Backpapier belegtes Backblech legen. Die Oberseite mit etwas Honig bepinseln und mit Sesam bestreuen. Im vorgeheizten Ofen (Mitte) 5–7 Minuten backen. Inzwischen den Feldsalat waschen, trocken schleudern, verlesen und auf 2 Tellern anrichten. 3 Erdbeeren beiseite legen. Erdbeeren und Feigen waschen, trocken tupfen und jeweils vierteln. Auf dem Salat verteilen. Für das Dressing die 3 Erdbeeren mit Milch und Himbeeressig pürieren. Mit dem Walnussöl zu einer cremigen Sauce verschlagen. Wenn die Konsistenz zu dick ist, wenig Wasser unterrühren. Die rosa Pfefferbeeren unter das Dressing mischen und den Salat damit beträufeln. Den gratinierten Ziegenkäse auf dem Salat anrichten. Jeweils mit 1 TL Feigenmarmelade, schwach gehäuft, und einem getrockneten Thymianzweig garnieren.

TIPP *Probieren Sie einmal, wie Ihnen der Salat mit würzigem Rucola schmeckt!*

1 Portion Beeriger Ziegenkäsesalat mit Feigen (338 g): ca. 410 kcal, 18 g Eiweiß (18E%), 27 g Fett (59E%), 24 g Kohlenhydrate (23E%). Dieses Hauptgericht liefert 121 kcal pro 100 g.

Kosten: Pro Portion etwa 4,00 Euro.

2 FÜR

Feldsalat mit gebratenen Äpfeln und Speck. 150 g Feldsalat. 2 kleine Äpfel (zum Beispiel Boskop, etwa 300 g). 20 g Butter. 150 g Speckwürfel. 150 g Cocktailtomaten. 2 TL Apfelmus. 3 EL dunkler Balsamessig (Aceto balsamico). 1 EL Sahne. 2 EL Walnussöl. Salz und Pfeffer nach Geschmack.

Den Feldsalat waschen, trocken schleudern und verlesen. Die Äpfel waschen, das Kerngehäuse herausschneiden und die Äpfel in schmale Spalten schneiden. Die Butter in einer Pfanne zerlassen und die Äpfel darin von beiden Seiten bräunen. Den Speck in einer kleinen Pfanne ohne Fettzugabe kross ausbraten. Die Cocktailtomaten waschen, trocken tupfen und halbieren. Den Feldsalat auf 2 Tellern verteilen, gebratene Äpfel, Tomaten und Speck darauf anrichten. Das Apfelmus mit Essig, Sahne und Öl zu einem cremigen Dressing verschlagen. Den Salat damit beträufeln. Nach Geschmack mit Salz und Pfeffer würzen.

1 Portion Feldsalat mit gebratenen Äpfeln und Speck (422 g): ca. 410 kcal, 16 g Eiweiß (17E%), 29 g Fett (62E%), 21 g Kohlenhydrate (21E%). Dieses Hauptgericht liefert nur 97 kcal pro 100 g.

Kosten: Pro Portion etwa 2,00 Euro.

2 FÜR

Wurzelsalat mit Feta. 2 Knollen Rote Bete. 2 Möhren. ½ Rettich. 1 EL Kürbiskerne. 200 g Fetakäse. 1 EL Rapsöl. 2 EL dunkler Balsamessig (Aceto balsamico). 1 TL Dijon-Senf. 1 EL Sahne. 1 TL Honig. 1 TL rosa Pfefferbeeren. Salz und Pfeffer nach Geschmack.

Rote Bete, Möhren und Rettich schälen und in eine Schüssel raspeln und mischen. Die Kürbiskerne in einer beschichteten Pfanne ohne Fett anrösten und zum Salat geben. Den Feta in mundgerechte Stücke würfeln und dem Salat untermengen. Für das Dressing Rapsöl, Essig, Senf, Sahne, Honig und eine Prise Salz gut verrühren. Das Dressing über den Salat gießen. Rosa Pfefferbeeren unterrühren. Mit Salz und Pfeffer abschmecken.

TIPP *Zum Salat passen hart gekochte Eier.*

1 Portion Wurzelsalat mit Feta (436 g): ca. 435 kcal, 24 g Eiweiß (23E%), 30 g Fett (60E%), 17 g Kohlenhydrate (16E%). Dieses Hauptgericht liefert nur 99 kcal pro 100 g.

Kosten: Pro Portion etwa 1,95 Euro.

2 FÜR

Garnelenspieße auf Salat mit gebratener Avocado. 100 g grüner Blattsalat nach Saison. 200 g Cocktailtomaten. ½ gelbe Paprikaschote. 200 g Avocado (geschält, entkernt). 1 TL Butter. 4 TK-Garnelenspieße (etwa 200 g). 1 TL Sambal Oelek. 1 EL Rapsöl. 2 EL heller Balsamessig (Balsamico bianco). 1 TL Dijon-Senf. 1 EL Olivenöl. 1 EL Milch. Salz und Pfeffer nach Geschmack.

Den Salat, die Tomaten und die Paprika waschen und trocken schleudern beziehungsweise trocken tupfen. Die Tomaten halbieren, die Paprikahälfte in Streifen schneiden. Die Avocado längs halbieren, den Kern herauslösen und das Fruchtfleisch mit einem Löffel vorsichtig aus der Schale lösen. Der Länge nach in etwa fingerdicke Scheiben schneiden. Ganz dezent mit Salz und Pfeffer würzen. Die Butter in einer kleinen beschichteten Pfanne erhitzen und die Avocadoscheiben darin von beiden Seiten kurz goldbraun anbraten. Die Garnelen hauchdünn mit Sambal Oelek bestreichen und mit Salz würzen. Rapsöl in einer großen beschichteten Pfanne erhitzen und die Garnelenspieße darin von beiden Seiten anbraten. Für das Dressing den Essig mit etwas Salz und Dijon-Senf verrühren. Mit Öl und Milch zu einem cremigen Dressing verschlagen. Den grünen Salat auf 2 Tellern anrichten, darauf Tomaten und Paprika verteilen und mit dem Dressing beträufeln. Schließlich je 2 Garnelenspieße und die Hälfte der gebratenen Avocadoscheiben obenauf legen. Nach Geschmack mit Salz und Pfeffer würzen.

Tipp Tipp

Wählen Sie die Salatsorten ganz nach Geschmack und Saison, zum Beispiel Feldsalat oder Lollo Bianco, Endivien- oder Romano-Salat. Die Avocadoscheiben im Sommer einfach auf dem Grill schmoren und dann zum Salat servieren.

1 Portion Garnelenspieße auf Salat mit gebratener Avocado (418 g): ca. 490 kcal, 25 g Eiweiß (21E%), 40 g Fett (73E%), 7 g Kohlenhydrate (6E%). Dieses Hauptgericht liefert 117 kcal pro 100 g.

Kosten: Pro Portion etwa 3,20 Euro.

2 FÜR

Feldsalat mit krossen Kichererbsennuggets. **Für die Nuggets:** 125 g Kichererbsenmehl. ½ TL Salz. 375 ml kaltes Wasser. 3 Zweige Thymian. **Für den Salat:** 125 g Feldsalat (oder Rucola). 1 kleine rote Zwiebel. 125 g Strauchtomaten. 100 g Champignons. 80 g Radieschen. 20 g Pinienkerne. 15 g Hanfsamen. **Für das Dressing:** 2 EL Aceto balsamico (hell). 1 Prise Salz. 2 TL Oliven- oder Rapsöl. 2–3 EL Sojamilch. 1 schwach gehäufter TL Senf (mild). 30 g Kokosfett (Bio) oder Erdnussöl. Salz und Pfeffer nach Geschmack

Ein Backblech mit Backpapier auslegen. In einen Topf Kichererbsenmehl und Salz geben und verrühren. Unter ständigem Rühren das kalte Wasser ganz vorsichtig klumpenfrei eingießen. Den Topf auf eine Herdplatte stellen und unter Rühren kurz aufkochen lassen. Dann sofort die Temperatur herunter drehen und 7–10 Minuten weiterrühren, bis die Masse fast fest wird. Thymian waschen, trocken schütteln, zupfen und in den Teig einrühren.

Den Kichererbsenteig auf das Backblech geben und so verteilen, dass der Teig eine Höhe von 1–1,5 cm erreicht. Das Ganze etwa 20 Minuten erkalten und fest werden lassen. Aus dem Kichererbsenteig nun 4 cm große Rauten schneiden. Den Salat verlesen, waschen, trocknen und auf zwei flachen Tellern verteilen. Zwiebel abziehen und in feine Ringe schneiden. Tomaten waschen und vierteln. Champignons putzen und in Scheiben schneiden. Radieschen waschen und dünn hobeln. Zwiebelringe, Tomaten, Champignons und Radieschen auf dem Salat verteilen.

Pinienkerne und Hanfsamen in einer beschichteten Pfanne ohne Fett anrösten. Für das Dressing Essig, Salz, Öl, Sojamilch und Senf in einem Vinaigretteshaker oder Glas mit Schraubverschluss gut vermischen. Kokosfett in einer großen beschichteten Pfanne erhitzen. Die Kichererbsennuggets darin bei hoher Temperatur beidseitig in etwa 7–8 Minuten goldgelb anbraten. Die warmen Nuggets auf dem Salat verteilen. Das Dressing darüber träufeln und mit Hanfsamen und Pinienkernen bestreuen. Nach Geschmack mit Salz und Pfeffer würzen.

1 Portion Feldsalat mit krossen Kichererbsennuggets. (460 g): ca. 530 kcal, 22 g Eiweiß (17E%), 35 g Fett (58E%), 33 g Kohlenhydrate (25E%).

WARENKUNDE.

Salatdressings: Für jeden Salat die individuelle Note. Grundlagen eines Salatdressings sind Säure (Essig oder Zitronensaft), Salz und Öl. Damit die Salatsauce auch gelingt, sollten Sie folgende Punkte beachten:

Auf das richtige Verhältnis kommt es an! Am besten gelingt und schmeckt eine Vinaigrette, wenn 1 Teil Essig mit 2–3 Teilen Öl verschüttelt wird.

Öl immer zum Schluss. Damit das Dressing eine cremige Konsistenz erhält, sollte zunächst das Salz im Essig gelöst werden. Erst dann das Öl zugeben und kräftig verschütteln beziehungsweise unterschlagen.

Für die LOGIsche Küche empfehlen wir drei Standardöle.

Rapsöl ist geschmacksneutral und passt gut zu allen Salaten.

Olivenöl ist intensiver im Geschmack und passt hervorragend zu Rucola, Feldsalat, Romanesco oder Lollo Rosso.

Nussöle wie Walnuss- oder Haselnussöl schmecken nussig und etwas süßlich. Sie passen gut zu Chicorée- oder Eisbergsalat.

Küchentipp: Bewahren Sie die Öle immer dunkel auf. Empfindliche Öle wie Walnuss- oder Haselnussöl am besten sogar im Kühlschrank lagern, da sie sonst schnell verderben.

Der richtige Essig für jede Gelegenheit. Für ein gutes Dressing ist ein guter Essig unverzichtbar. Wann passt welcher?

Dunkler Balsamessig (Aceto balsamico) harmoniert gut mit Olivenöl. Er findet aber nicht nur auf dem Salatteller Anwendung. Geschmacklich passt er hervorragend auch zu Rindfleischgerichten wie Carpaccio oder zu roten Zwiebeln, aber auch Desserts lassen sich damit verfeinern.

Küchentipp: Verwenden Sie dunklen Balsamessig nicht zu hellen Salaten wie Eisbergsalat, Lollo Bianco oder Chicorée. Das sieht optisch nicht so schön aus.

Danksagung. Wir bedanken uns herzlich bei unseren Familien und Freunden, die als Testesser immer herhalten durften – und natürlich bei Nicolai Worm, der dies alles ermöglicht hat und uns immer mit Rat und Tat zur Seite stand. Danke für die tolle Zeit in Südfrankreich!

Redaktion: systemed Verlag, Lünen
systemed GmbH, Kastanienstraße 10, 44534 Lünen

Fotografie: Peter Lutz, Dortmund

Studio L'Eveque, München
(Titel, Seiten 40, 41, 69, 119, 139, 145)

Die »Polaroids« stammen aus dem Fundus der Autorinnen, die Portraits über den Erfahrungsberichten auf den Seiten 33 bis 39 wurden uns freundlicherweise von den jeweils abgebildeten Damen und Herren zur Verfügung gestellt.

Gestaltung, Satz: A flock of sheep, Lübeck
www.flock-of-sheep.com

Druck: Longo AG, Bozen/Italien
ISBN: 978-3-942772-88-4

LOGI® im Internet: www.logi-aktuell.de
www.systemed.de

7. Auflage, August 2016
(erweitert und aktualisiert in Auflage 6, Juni 2014)

LOGI®
DAS ORIGINAL BEI SYSTEMED

systemed
verlag

oga & Achtsamkeit

as Hatha Yoga Praxisbuch.
r Einsteiger und Fortgeschrittene.
arcel Anders-Hoepgen
'8-3-95814-035-6 **29,99 €**

ampoorna
atha Yoga Stunde. (DVD)
ufe 1
arcel Anders-Hoepgen
8-3-927372-64-1 **17,95 €**

ampoorna
atha Yoga Stunde. (CD)
ufe 1
arcel Anders-Hoepgen **9,79 €**
8-3-927372-65-8 ~~14,95 €~~

ampoorna
atha Yoga Stunde. (DVD)
chte Mittelstufe
werpunkt: Dehnung der Hüften
rcel Anders-Hoepgen
8-3-942772-04-4 **17,95 €**

atha Yoga Stunde. (DVD)
chte Mittelstufe
werpunkt: Kraftaufbau
rcel Anders-Hoepgen
-3-927372-84-9 **17,99 €**

ebammen Yoga.
ungen zur Geburtsvorbereitung
Rückbildung. ***Inkl. Mantra-Audio-CD.***
rcel Anders-Hoepgen **5,99 €**
-3-927372-99-3 ~~19,99 €~~

bammen Yoga. (Doppel-DVD)
ungen zur Geburtsvorbereitung und
kbildung.
cel Anders-Hoepgen
-3-942772-03-7 **16,95 €**

Nada-Yoga-Musik-Reihe.
Marcel Anders-Hoepgen

Eternal OM (CD)
978-3-942772-16-7 **9,99 €**

Shanti (CD)
978-3-942772-29-7 **9,99 €**

Runterkommen (CD)
978-3-942772-17-4 **9,99 €**

Gelassenheit (CD)
978-3-942772-15-0 **9,99 €**

Marcel Anders-Hoepgen

Besser schlafen. (CD)
Entspannung für die Nacht.
978-3-942772-25-9 **9,99 €**

Gut schlafen. (CD)
Entspannung für die Nacht.
978-3-927372-62-7 **9,95 €**

Kraft tanken. (CD)
Entspannung für den Tag.
978-3-927372-61-0 **7,99 €**

Sonnengruß, Teil 2. (DVD + CD)
Der perfekte Stressabbau.
Marcel Anders-Hoepgen **9,99 €**
978-3-927372-97-9 ~~16,95 €~~

Sonderedition

NEU

Der Sonnengruß. (Doppel-DVD)
Work-Out für den Morgen voller Energie und Kraft. Entspannung für den Abend und guten Schlaf.
Marcel Anders-Hoepgen
978-3-95814-067-7 **17,99 €**

Die Yogi-Methode.
30-Tage-Challenge zur achtsamen Ernährung.
Vegan – ayurvedisch – yogisch.
Marcel Anders-Hoepgen
978-3-942772-69-3 **19,99 €**

FLIP CHART TISCH AUFSTELLER

Yoga: Jeden Tag neu!
Über 100.000 mögliche Kombinationen für Übungseinheiten à 5 bis 10 Minuten.
Marcel Anders-Hoepgen **13,99 €**
978-3-927372-69-6 ~~28,00 €~~

Marcel Anders-Hoepgen

Bauchmuskulatur stärken (CD)
978-3-927372-75-7 **8,95 €**

Gleichgewicht (CD)
978-3-927372-72-6 **8,95 €**

Oberen Rücken stärken (CD)
978-3-927372-73-3 **8,95 €**

Unteren Rücken stärken (CD)
978-3-927372-74-0 **8,95 €**

Anti-Stress-Yoga.
Kartenbox mit 18 Rezepten und 56 Asanas.
Petra Orzech
978-3-942772-85-3 **14,99 €**

Der Glücksvertrag
Das 21-Tage-Programm. Ein glückliches Leben in Balance dank einer Formel aus Psychologie und fernöstlicher Heilkunst. ***Inklusive DVD.***
A. Mehta | G. Brüggemann **5,99 €**
978-3-942772-14-3 ~~19,99 €~~

Rücken for fit.
Das 30-Tage-Programm für einen schmerzfreien Rücken in nur fünf Minuten pro Tag. ***Inklusive Übungs-DVD.***
Marcel Anders-Hoepgen **14,99 €**
978-3-942772-53-2 ~~19,99 €~~

Yoga X-Large.
Auch Dicke können Yoga machen! Yoga- und Bewusstheitsübungen für Menschen mit Plus-Size-Körpern.
Birgit Feliz Carrasco
978-3-942772-77-8 **17,99 €**

-BEST-SELLER

Schlank durch Achtsamkeit.
Durch inneres Gleichgewicht zum Idealgewicht.
Ronald Pierre Schweppe
978-3-942772-90-7 **14,99 €**

Achtsam abnehmen.
33 Methoden für jeden Tag.
Ronald Pierre Schweppe
978-3-942772-99-0 **12,99 €**

Warum Stress dick macht
… und warum wir entspannt schneller abnehmen.
Ronald Pierre Schweppe **9,75 €**
978-3-942772-51-8 ~~12,99 €~~

NEU

Der Burnout-Irrtum
Ausgebrannt durch Vitalstoffmangel – Burnout fängt in der Körperzelle an! Das Präventionsprogramm mit Praxistipps und Fallbeispielen.
Uschi Eichinger | Kyra Hoffmann
978-3-95814-042-4 **19,99 €**

NEU

Die Anti-Stress-Ernährung.
Die LOGI-Methode zur Stressbewältigung. Mehr Power für die Körperzellen.
Uschi Eichinger | Kyra Hoffmann
978-3-95814-032-5 **19,99 €**

Glückliche Kinder.
Erziehung in Liebe und Achtsamkeit.
Aus der Reihe »mitGefühl«
Ronald Pierre Schweppe
978-3-95814-000-4 **7,99 €**

Starke Partner.
Beziehung in Liebe und Achtsamkeit.
Aus der Reihe »mitGefühl«
Aljoscha Long
978-3-95814-001-1 **7,99 €**

Dauerhaft schlank.
Ernährung mit Liebe und Achtsamkeit.
Aus der Reihe »mitGefühl«
Dr. Julia Bollwein
978-3-95814-002-8 **7,99 €**

Selbstheilung.
Gesundheit durch Liebe und Achtsamkeit.
Aus der Reihe »mitGefühl«
Fei Long
978-3-95814-003-5 **7,99 €**

systemed Verlag
Kastanienstraße 10
D-44534 Lünen
Telefon 02306 63934
Telefax 02306 61460
www.systemed.de
faltin@systemed.de

systemed verlag

Ernährung, Gesundheit, Lifestyle, Wellness

Pur – weiß – tödlich.
Warum der Zucker uns umbringt – und wie wir das verhindern können.
Prof. John Yudkin | Prof. Robert Lustig
978-3-942772-41-9 14,99 €

JETZT ALS PAPERBACK
Kräuter & Gewürze als Medizin.
Gesund und schlank mit Vitalkräften aus der Apotheke der Natur.
Klaus Oberbeil
978-3-942772-92-1 15,00 € ~~19,95 €~~

Fit mit 100.
Jung bleiben, länger leben.
- Ein Leben lang schlank & glücklich.
- Programme für Körper und Seele.
- 100 wertvolle Ernährungstipps.

Klaus Oberbeil
978-3-927372-93-1 14,99 €

Warum Fische nie dick werden.
Jung & schlank mit Meeresfrüchten, Omega-3-Fettsäuren, Algen und Jod.
Klaus Oberbeil | Patrick Coudert
978-3-942772-71-6 9,99 €

Der Gen-Code.
Das Geheimnis der Epigenetik – wie wir mit Ernährung und Bewegung unsere Gene positiv beeinflussen können.
Dr. Ulrich Strunz
978-3-942772-01-3 14,99 €

Yes, I can!
Erfolgreich schlank in 365 Schritten.
Dr. Ilona Bürgel
978-3-927372-51-1 4,99 € ~~15,00 €~~

Das Myoreflexkonzept.
Schmerzfrei mit aktiven Muskeln.
Dr. med. E. Jörg | P. Kensok
978-3-942772-49-5 13,99 € ~~19,99 €~~

Gesund durch Stress!
Wer reizvoll lebt, bleibt länger jung!
Hans-Jürgen Richter
Dr. Peter Heilmeyer
978-3-927372-42-9 4,99 € ~~15,95 €~~

NEU
Happy-Hippie-Cooking Ibiza.
72 Rezepte, die auf Konventionen pfeifen. Love & Peace an der Pfanne.
Elke Clörs
978-3-95814-025-7 19,99 €

Ich habe so lange auf Dich gewartet!
Der lange Weg durch die Kinderwunschtherapie. Ein Tagebuch – ärztlich kommentiert und ergänzt – über Hoffnungen, Misserfolge, Wegbegleiter und das Wunschkind.
Prof. M. Ludwig | Maileen L.
978-3-942772-11-2 9,59 € ~~15,99 €~~

Mut zur Trennung.
Plädoyer für eine mutige und produktive Entscheidung – Kinder brauchen Aufrichtigkeit.
Jutta Martha Beiner
978-3-942772-47-1 9,59 € ~~15,99 €~~

Homöopathie – sanfte Heilkunst für Babys und Kinder.
Homöopathische Behandlung im Alltag.
Angelika Szymczak
978-3-927372-49-8 5,99 € ~~19,95 €~~

BEST-SELLER
Mehr Fett!
Warum wir mehr Fett brauchen, um gesund und schlank zu sein.
U. Gonder | Dr. N. Worm
978-3-927372-54-2 13,99 € ~~19,95 €~~

NEU
Wechseljahre-Irrtümer.
Wie uns falsche Vorstellungen und Fehlinformationen davon abhalten, auch diese Lebensphase zu genießen.
Ulrike Gonder
978-3-95814-056-1 15,99 €

Volkskrankheit Fettleber.
Verkannt – verharmlost – heilbar.
Dr. Nicolai Worm | Kirsten Segler
978-3-942772-78-5 16,99 €

BEST-SELLER
Stopp Diabetes!
Raus aus der Insulinfalle mit der LOGI-Methode.
Katja Richert | Ulrike Gonder
978-3-927372-56-6 16,95 €

Stopp Diabetes! Praxisbuch.
Ernährungs- und Bewegungspläne.
LOGI-Methode.
Ein besseres Leben mit Diabetes.
Katja Richert
978-3-942772-08-2 16,99 €

Allergien vorbeugen.
Schwangerschaft und Säuglingsalter sind entscheidend!
Dr. I. Reese | Chr. Schäfer
978-3-927372-50-4 9,99 € ~~14,95 €~~

Campus Food.
Vegane Studentenküche.
Anne Bühring | Kurt-Michael Westermann
978-3-942772-21-1 12,00 €

Ethisch Essen mit Fleisch.
Eine Streitschrift über nachhaltige und ethische Ernährung mit Fleisch und die Missverständnisse und Risiken einer streng vegetarischen und veganen Lebensweise.
Lierre Keith | Ulrike Gonder
978-3-927372-87-0 14,99 €

Gute Kohlenhyrate – schlechte Kohlenhydrate.
Pfunde verlieren und Energie tanken.
Barbara Plaschka | Petra Linné
978-3-927372-81-8 12,95 €

66 Ernährungsfallen … und wie sie mit Low-Carb zu vermeiden sind.
- in typischen Alltagssituationen
- für Büro und Freizeit
- mit Einkaufsführer im Supermarkt
- mit ausführlichem Restaurant-Guide

Barbara Plaschka | Petra Linné
978-3-927372-55-9 15,95 €

Low-Carb für Männer. Ein Mann – (k)ein Bauch.
Jetzt noch übersichtlicher – mit komplett überarbeiteter Kohlenhydrattabelle zum Nachschlagen.
Barbara Plaschka | Petra Linné
978-3-942772-52-5 15,99 €

Köstlich kochen mit Tee.
Einfache und inspirierende Rezepte.
Tanja Bischof | Harry Bischof 4,99 € ~~8,95 €~~
978-3-942772-76-1

nur als eBOOK
Schwer verdaulich.
Wie uns die Ernährungsindustrie mästet und krank macht.
Pierre Weill
epub: 978-3-95814-060-8
pdf: 978-3-95814-061-5 8,99 €

Das Kohlenhydratkartell.
Über die Diätkatastrophe, die finsteren Machenschaften der Zuckerlobby und Wege aus dem Diätendschungel.
Clifford Opoku-Afari
978-3-942772-39-6 12,95 €

NEU
Jod. Schlüssel zur Gesundheit.
Wiederentdeckung eines Heilmittels.
Neue Power für Ihre Körperzellen.
Kyra Hoffmann | Sascha Kauffmann
978-3-95814-017-2 14,99 €

Entscheidend ist auf'm Teller!
Das BVB-Prinzip für optimale Fitness und maximale Energie.
Frank Fligge | Jola Jaromin-Bowe
978-3-95814-040-0 19,99 €

Der Paleo-Code.
Das Steinzeit-Programm.
Romy Dollé
978-3-927372-86-3 19,9

Paleo-Guide.
Kompaktes Basiswissen, Tabellen
praktische Tipps zum leichten Eins
ein Leben im Einklang mit den Ger
Susanne Bader
978-3-95814-036-3 7,9

Früchtewampe.
Warum Obst und Gemüse dick machen!
Romy Dollé
978-3-942772-83-9 19,9

Iss einfach gut.
Das Prinzip Nahrungskette – einf
pragmatisch erklärt vom Koch de
Deutschen Fußballnationalmanns
In Hardcover-Luxusausführung m
Moleskine Gummi und Saisonkale
als DIN-A3-Poster
Holger Stromberg
978-3-942772-50-1 14,9

NEU
Die Foodwerkstatt.
Ungesunde Lügen haben lange Zu
listen. 30 Supermarktklassiker zur
Selbermachen und viele Rezepte r
Sebastian Lege
978-3-95814-041-7 19,

NE
Low-Carb your life.
Die Lieblingsrezepte aus seiner erf
reichen Ratgeberreihe. Mit vielen Ideen und Kreationen.
Wolfgang Link
978-3-95814-027-1 19,

Bestellen Sie direkt beim Verlag. Versandkostenfreie Lieferung
Alle bereits erschienenen Bücher sind sofort lieferbar.
Das tagesaktuelle Programm sowie alle verbindlichen Preise finden Sie auf www.systemed.de.

ystemed Küchenratgeber

ow-Carb – Low-Budget.
ohlenhydratbilanzierte Küche
ir den kleinen Geldbeutel.
Volfgang Link | Dr. med. Jürgen Voll
78-3-942772-65-5 **8,99 €**

ow-Carb unterwegs.
) Rezepte für die Reise und zum
itnehmen.
anca Mangiameli | Heike Lemberger
'8-3-942772-66-2 **8,99 €**

ow-Carb vegan.
) Rezepte ohne tierische Lebensmittel.
anca Mangiameli | Heike Lemberger
'8-3-942772-68-6 **8,99 €**

ow-Carb in 15 Minuten.
) »leichte« Schnellrezepte zum Genießen.
olfgang Link
'8-3-942772-75-4 **8,99 €**

ow-Carb-Powerwoche.
7 Tagen Vitalität gewinnen und
ewicht verlieren.
olfgang Link | Dr. med. Jürgen Voll
'8-3-942772-87-7 **8,99 €**

**ow-Carb in der
chwangerschaft.**
esundheit mit wenig Kohlenhydraten
r Mutter und Baby.
nett Schmittendorf
'8-3-942772-72-3 **8,99 €**

NEU
ow-Carb-Feierabendküche.
Zutaten – 15 Minuten – 40 Rezepte.
olfgang Link
'8-3-95814-059-2 **8,99 €**

NEU
ow-Carb-Nudelküche.
köstliche echte Pastarezepte mit wenig
hlenhydraten.
olfgang Link
'8-3-95814-047-9 **8,99 €**

Low-Carb für Sportler.
30 kohlenhydratreduzierte Gerichte für den Sportler.
Wolfgang Link | Dr. med. Jürgen Voll
978-3-942772-91-4 **8,99 €**

Low-Carb-Desserts.
40 Desserts mit wenig Kohlenhydraten.
Wolfgang Link
978-3-942772-95-2 **8,99 €**

Low-Carb-Pfannengerichte.
40 Rezepte für die schnelle Pfanne mit wenig Kohlenhydraten.
Wolfgang Link
978-3-942772-93-8 **8,99 €**

Low-Carb bei Nahrungsmittel-unverträglichkeit.
30 Rezepte bei Laktoseintoleranz/Fruktoseintoleranz/Zöliakie.
W. Link | Dr. med. J. Voll **4,99 €**
978-3-942772-74-7 ~~7,99 €~~

Low-Carb für den Hund.
Artgerechte Hundeernährung mit wenig Kohlenhydraten – Wissen, Tipps und Rezepte.
Ursula Bien
978-3-95814-011-0 **8,99 €**

Low-Carb vegetarisch.
40 vegetarische Rezepte ohne Fisch und Fleisch.
Wolfgang Link
978-3-95814-005-9 **8,99 €**

Low-Carb-Suppen.
40 Suppen und Eintöpfe zum einfachen Nachkochen.
Manuela Oehninger Suter
978-3-95814-004-2 **8,99 €**

NEU
Low-Carb für Einsteiger.
32 Rezepte mit zahlreichen Varianten für den Start in eine kohlenhydratarme Ernährung.
Manuela Oehninger Suter
978-3-95814-048-6 **8,99 €**

Low-Carb kalte Küche.
40 kohlenhydratarme Rezepte ohne zu kochen.
Manuela Oehninger Suter
978-3-95814-021-9 **8,99 €**

Low-Carb-Aufläufe.
40 kohlenhydratarme Rezepte aus dem Ofen & Wissenswertes zu Auflaufformen.
Wolfgang Link
978-3-95814-022-6 **8,99 €**

Low-Carb-Backen für den Alltag.
22 kohlenhydratarme, einfache und 100% funktionierende Rezepte für Kuchen und Kekse.
Beate Strecker
978-3-95814-033-2 **8,99 €**

NEU
Low-Carb-Weihnachtsbäckerei.
20-mal Kekse, Gebäck und Kuchen zur Weihnachtszeit.
Beate Strecker
978-3-95814-043-1 **8,99 €**

NEU
Low-Carb für Diabetiker.
29 kohlenhydratarme Rezepte zur Blutzuckerregulation.
Wolfgang Link | Dr. Jürgen Voll
978-3-95814-045-5 **8,99 €**

NEU
Low-Carb-Frühstück.
40 abwechslungsreiche Frühstücksideen mit wenig Kohlenhydraten.
Wolfgang Link
978-3-95814-046-2 **8,99 €**

NEU
Low-Carb mediterran.
40 Rezepte aus der beliebten Mittelmeerküche.
Manuela Oehninger Suter
978-3-95814-055-4 **8,99 €**

Ketogene Ernährung

BEST-SELLER
Krebszellen lieben Zucker – Patienten brauchen Fett.
Gezielt essen für mehr Kraft und Lebensqualität bei Krebserkrankungen.
Prof. Ulrike Kämmerer
Dr. Christina Schlatterer | Dr. Gerd Knoll
978-3-927372-90-0 **24,99 €**

NEU
Ketogene Ernährung bei Krebs.
Die besten Lebensmittel bei Tumorerkrankungen.
Prof. Ulrike Kämmerer
Dr. Christina Schlatterer | Dr. Gerd Knoll
978-3-95814-037-0 **14,99 €**

KetoKüche für Einsteiger: Rezepte & Kraftshakes.
50 ketogene Rezepte, die schmecken.
Dorothee Stuth | Ulrike Gonder
978-3-942772-42-6 **14,99 €**

KetoKüche zum Genießen.
Mit gesunden Gewürzen und Kokosnuss. Über 100 ketogene Rezepte für Genießer.
Bettina Matthaei | Ulrike Gonder
978-3-942772-44-0 **19,99 €**

NEU
KetoKüche mediterran.
90 kohlenhydratarme Gerichte rund um das Mittelmeer.
Bettina Matthaei | Ulrike Gonder
978-3-95814-044-8 **19,99 €**

JETZT ALS PAPERBACK
Stopp Alzheimer!
Wie Demenz vermieden und behandelt werden kann.
Dr. Bruce Fife **20,00 €**
978-3-942772-86-0 ~~24,99 €~~

Stopp Alzheimer! Praxisbuch.
Wie Demenz vermieden und behandelt werden kann. Mit zahlreichen Rezepten, Mental-Test sowie Warenkunde und Kohlenhydrattabellen.
Dr. Bruce Fife
978-3-942772-27-3 **12,99 €**

NEU
Die Anti-Alzheimer-Diät.
Alzheimer und Demenz einfach wegessen – oder: Wie die Ernährung vor Alzheimer schützen kann.
Dr. Peter Heilmeyer | Ulrike Gonder
978-3-95814-070-7 **15,99 €**

Das angesagte, Ernährungsthema im systemed Verlag: Gezielt essen bei Krebserkrankungen, Alzheimer und Demenz mit ketogener Ernährung.

Das Beste aus der Kokosnuss.
Natives Bio-Kokosöl und Bio-Kokosmehl.
Ulrike Gonder
978-3-942772-56-3 **4,99 €**

Kokosöl (nicht nur) fürs Hirn!
Wie das Fett der Kokosnuss helfen kann, gesund zu bleiben und das Gehirn vor Alzheimer und anderen Schäden zu schützen.
Ulrike Gonder
978-3-942772-38-9 **5,99 €**

Positives über Fette und Öle.
Warum gute Fette und Öle so wichtig für uns sind.
Ulrike Gonder
978-3-942772-57-0 **4,99 €**

Alle 3 Bücher im Paket
978-3-942772-55-6 **12,00 €**

KetoKüche kennenlernen.
Die ketogene Ernährung in Theorie und Praxis.
Ulrike Gonder | Anja Leitz
978-3-942772-80-8 **8,99 €**

**Praxisbroschüre
Rezepte zur Unterstützung einer ketogenen Ernährung für Krebspatienten.**
Prof. Ulrike Kämmerer | Nadja Pfetzer
(erhältlich nur beim Verlag) **6,90 €**

systemed verlag

www.systemed.de

Natürlicher Süßsstoff Stevia. Stevia ist eine zuckersüße Pflanze, die ihre Wurzeln im südamerikanischen Paraguay hat. Seit Jahrhunderten wird Stevia dort von der Urbevölkerung, wie den Guaraní-Indianern, als Medizin und zum Süßen von Matetee verwendet. Seit 2011 ist Stevia auch in Deutschland zugelassen. Die Stevia-Blätter verdanken ihren süßlichen Geschmack den darin enthaltenen Steviol-Glykosiden, nämlich Steviosid und Rebaudiosid A. Stevia-Blätter haben eine bis zu 30-fach, Stevia-Extrakte sogar eine bis 300-fach höhere Süßkraft als Zucker. Da Stevia kalorien- und auch kohlenhydratfrei ist und nicht appetitanregend wirkt, könnte das Süßungsmittel sich durchaus als förderlich bei der Gewichtsabnahme erweisen.

Unsere Tipps für mehr Süße.

- Reduzieren Sie nach und nach sowohl Süßstoff- als auch Zuckerverbrauch. Sie werden nach vier bis sechs Wochen merken, dass ihr Geschmacksempfinden für süß viel intensiver ist als vorher. Dann reicht bereits eine geringe Menge an Zucker oder Zuckerersatzstoffen für eine genussvolle Süße.
- Verwenden Sie zum Süßen kleine Mengen Honig. Beachten Sie, dass Honig Fruchtzucker enthält. Gehen Sie deshalb maßvoll damit um.
- Mischen Sie in Desserts oder in Joghurt selbstgemachtes Fruchtmus mit 100 Prozent Fuchtanteil.
- Verleihen Sie Süßspeisen durch Vanillemark oder Vanillearoma mehr Geschmack.

Weißer Balsamessig (Balsamico bianco) harmoniert mit allen Ölen und Salaten. Er ist milder und weniger geschmacksintensiv als sein dunkler Verwandter. Er passt zu allen Blattsalaten.

Fruchtessige wie Himbeer- oder Apfelessig passen gut zu Nussölen und zu Salatkreationen mit Früchten.

Küchentipp: Alternativ zu Essig können Sie auch Limetten- oder Zitronensaft verwenden, der der Komposition eine frische, spritzige Note verleiht.

Dressingvariationen: Dressings lassen sich durch Zugabe weiterer Zutaten verfeinern. Senf gibt nicht nur einen besonderen würzigen Geschmack, sondern fungiert noch zusätzlich als Emulgator. Er macht das Dressing cremiger. Wer es etwas süßer mag, kann ½ TL Honig ins Dressing rühren. Weiterhin lassen sich Dressings mit frischen Kräutern, Gewürzen, klein gehackten Zwiebeln, Knoblauch oder Sahne aufpeppen. Und wer es fruchtig mag, der püriert einfach 1–2 Erdbeeren oder Himbeeren ins Dressing.

Ist das Dressing zu dickflüssig? Verlängern Sie das Dressing je nach Geschmacksrichtung mit Milch, Orangensaft oder einfach mit etwas Mineralwasser.

Benötigt man einen Dressing-Shaker? Teure Dressing-Shaker sind überflüssig. Sie können genauso gut ein leeres Marmeladenglas mit Schraubdeckel zum Verschütteln der Zutaten verwenden.

Gleich mehr zubereiten! Selbstgemachtes Dressing hält sich verschlossen im Kühlschrank mindestens eine Woche. Vor der Verwendung aber erneut kräftig durchschütteln beziehungsweise -rühren.

Das Dressing immer erst unmittelbar vor dem Servieren unter den Salat mischen. Sonst fallen die Salatblätter zusammen.

2 FÜR

Salat Kunterbunt mit Beerendressing. 1 Ei. 200 g Krabben. 100 g grüne Bohnen (aus der Dose). ½ Möhre. 50 g blaue Weintrauben. 100 g Erdbeeren. 50 g Radieschen. 1 Tomate. 50 g Champignons. 1 gelbe Paprika. 2 EL Rapsöl (oder Walnussöl). 1 EL Himbeeressig. ½ TL italienische TK-Kräuter. Salz und Pfeffer nach Geschmack.

Das Ei 10 Minuten hart kochen. Anschließend kalt abschrecken, pellen und vierteln. Die Krabben waschen und gut abtropfen lassen. Die Bohnen ebenfalls in einem Sieb abtropfen lassen. Die Möhre putzen und waschen. Die Trauben heiß waschen, mit kaltem Wasser abschrecken. Die Erdbeeren vorsichtig waschen und trocken tupfen, 2 Erdbeeren beiseite legen. Die Radieschen und die Tomate waschen und ebenfalls trocken tupfen. Die Champignons evtl. trocken abbürsten, die Schnittstelle am Stiel abschneiden. Die Möhre fein raspeln. Weintrauben und Erdbeeren halbieren. Paprika in mundgerechte Streifen, Radieschen in feine Scheiben schneiden. Die Tomate in Würfel schneiden. Die Champignons fein hobeln. Alle vorbereiteten Zutaten in einer Schüssel mischen. Die 2 Erdbeeren mit Essig, Kräutern, Salz und Pfeffer pürieren. Das Öl unterschlagen und das Dressing erneut abschmecken. Unter den Salat mischen.

Tipp *Mischen Sie auch einmal Mandelsplitter unter diesen bunten Salat. Sie runden das Aroma fein ab.*

1 Portion Salat Kunterbunt mit Beerendressing (485 g): ca. 340 kcal, 27 g Eiweiß (32E%), 18 g Fett (49E%), 16 g Kohlenhydrate (19E%). Dieser Beilagensalat liefert nur 70 kcal pro 100 g.

Kosten: Pro Portion etwa 3,50 Euro.

2 FÜR

Lauchsalat an Hüttenkäse. **2 Stangen Lauch. 1 roter Apfel (zum Beispiel Braeburn oder Elstar, etwa 200 g). 1 Zitrone. 20 g Walnüsse. 3 EL Sahne. 1 TL Zucker. 2 EL Rapsöl. 400 g Hüttenkäse. Salz und Pfeffer nach Geschmack.**

Den Lauch putzen und waschen. Die weißen und hellgrünen Teile in dünne Ringe schneiden. Diese 3 Minuten in kochendem Wasser blanchieren, in ein Sieb abgießen und kalt abbrausen. Den Apfel schälen, das Kerngehäuse herausschneiden und das Fruchtfleisch fein würfeln. Den Saft der Zitrone auspressen und mit dem Apfel vermischen. Den Lauch unterheben. Die Walnüsse in einer beschichteten Pfanne ohne Fett anrösten bis sie duften. Über den Salat streuen. Für die Salatsauce Sahne, etwas Salz und Zucker verrühren. Mit dem Öl verschlagen. Unter den Salat mischen, 15 Minuten durchziehen lassen. Den Hüttenkäse gleichmäßig auf 2 Tellern anrichten und den Salat dekorativ darum verteilen.

1 Portion Lauchsalat an Hüttenkäse (485 g): ca. 440 kcal, 30 g Eiweiß (27E%), 25 g Fett (53E%), 20 g Kohlenhydrate (20E%). Dieses Hauptgericht liefert nur 92 kcal pro 100 g.

Kosten: Pro Portion etwa 1,70 Euro.

2 FÜR **Rohkostsalat nach asiatischer Art.** 1 kleine Möhre. 100 g frisches Mangofruchtfleisch. 10 Zuckerschoten. 75 g Chinakohl. ½ rote Paprika. 20 g Mungobohnensprossen. 1 EL Sesamsaat. 1 TL Chilisauce. 2 EL Reisessig. 1 TL Honig oder Honig. 1 EL Orangensaft. 2 EL geröstetes Sesamöl. Etwas Salz. Etwas schwarze Sesamsaat zur Dekoration.

Die Möhre putzen, waschen und in dünne Streifen schneiden, eventuell mit dem Sparschäler. Die Mango in dünne Stifte schneiden. Die Zuckerschoten, den Chinakohl und die Paprikahälfte waschen, trocken tupfen und jeweils in dünne Streifen schneiden. Möhre, Mango, Zuckererbsen, Chinakohl, Paprika und Mungobohnensprossen in einer Schüssel mischen. Die Sesamsaat in einer beschichteten Pfanne ohne Fett rösten. Über den Salat streuen. Chilisauce, Reisessig, Honig, Orangensaft und Salz gut verrühren. Das Öl unterschlagen. Das Dressing unter den Salat heben. Dekorativ mit schwarzer Sesamsaat bestreuen.

1 Portion Rohkostsalat nach asiatischer Art (255 g): ca. 230 kcal, 5 g Eiweiß (9E%), 15 g Fett (59E%), 17 g Kohlenhydrate (31E%). Dieser Beilagensalat liefert nur 91 kcal pro 100 g.

Kosten: Pro Portion etwa 1,40 Euro.

Unbedingt zum Sesamhühnchen probieren!

2 FÜR

Chicorée-Salat mit Nektarinen. 2 Chicorées (oder Salatherzen). 1 Nektarine. ½ Orange. 20 g Walnüsse. 20 g Rosinen. 2 EL heller Balsamessig (Balsamico bianco). 1 TL Honig. 1 EL Orangensaft. 1 EL Haselnussöl (oder Walnussöl). Salz nach Geschmack. Aceto-Balsamicocreme zum Garnieren.

Von den Chicorées den Strunk abschneiden, die Blätter lösen und waschen. Anschließend in feine Streifen schneiden. Die Nektarine waschen, trocken tupfen, vierteln, dabei vom Kern lösen und das Fruchtfleisch in dünne Spalten schneiden. Diese quer halbieren oder dritteln. Die Orange schälen und filetieren. Die Nüsse hacken. Mit den Rosinen in einer beschichteten Pfanne ohne Fett unter Rühren rösten bis die Nüsse duften. Chicorée, Nektarine, Orangenfilets, Walnüsse und Rosinen in einer Schüssel locker mischen. Den Essig mit Honig, Orangensaft und Salz verrühren. Das Öl unterschlagen. Das Dressing unter den Salat mischen. Den Salat auf 2 Tellern anrichten und mit der Balsamicocreme garnieren.

TIPP *Dieser Salat schmeckt besonders gut zum Sesamhühnchen auf Seite 122.*

1 Portion Chicorée-Salat mit Nektarinen (236 g): ca. 225 kcal, 6 g Eiweiß (11E%), 11 g Fett (44E%) 25 g Kohlenhydrate (45E%). Dieser Beilagensalat liefert nur 96 kcal pro 100 g.

Kosten: Pro Portion etwa 1,25 Euro.

Dieses Rezept hat Halina Touchton aus München erdacht. Sie ist über einen sehr guten Freund auf LOGI aufmerksam geworden. »Er hat mit LOGI fünf Kilo verloren und mich mit seiner Begeisterung angesteckt. Seitdem reduziere ich auch Brot und stärkehaltige Beilagen und habe damit in nur einem Monat zwei Kilo abgenommen. Dafür habe ich nicht einen Tag gehungert – das ist einfach ein schöner Nebeneffekt.«

FÜR 2

Rucola-Melonen-Salat. 20 g Pinienkerne. 100 g Rucola. 1 rote Zwiebel. 500 g Wassermelone (ohne Schale gewogen). 100 g Fetakäse. 2 EL Zitronensaft. 3 TL Olivenöl. 5 Minzeblättchen. Salz und Pfeffer nach Geschmack.

Die Pinienkerne in einer beschichteten Pfanne ohne Fett anrösten bis sie duften. Den Rucola waschen, trocken schleudern und die Blätter gegebenenfalls in der Mitte durchschneiden. Die Zwiebel abziehen und in dünne Ringe schneiden. Die Kernchen aus der Melone entfernen, das Fruchtfleisch von der Schale lösen und in mundgerechte Stücke schneiden. Den Feta zerkrümeln. Melone, Rucola, Pinienkerne, Zwiebelringe und Feta in eine große Salatschüssel geben. Für das Dressing den Zitronensaft mit Salz und Pfeffer verrühren. Das Öl unterschlagen. Das Dressing unter den Salat heben. Mit Minzeblättchen anrichten.

TIPP *Genießen Sie zu diesem Salat ein zartes Stück Rinderfilet. Sehr lecker schmeckt es auch, wenn man etwas gehackte Minze unter das Dressing rührt.*

1 Portion Rucola-Melonen-Salat (417 g): ca. 350 kcal, 14 g Eiweiß (16E%), 21 g Fett (56E%), 24 g Kohlenhydrate (28E%). Dieser Beilagensalat liefert nur 84 kcal pro 100 g.

Kosten: Pro Portion etwa 2,45 Euro.

SEITE 71

Für Regina Lorenz aus Heilbronn gehört dieser Salat einfach zur Erdbeersaison. Sie hat ihre Ernährung aus gesundheitlichen Gründen vor einem Jahr auf LOGI umgestellt. Damit fühlt sie sich rundum wohl, genießt ihr Essen, hält ihr Idealgewicht, und ihre trockene Haut gehört der Vergangenheit an.

2 FÜR

Rucola-Salat mit Erdbeeren. 100 g Rucola. 500 g Erdbeeren. 50 g Pinienkerne. 1 TL mittelscharfer Senf. 3 EL Zitronensaft. ½ TL gerebelter Majoran. 100 ml Kokosmilch. 1 EL Kokosraspel. Pfeffer nach Geschmack.

Den Rucola waschen, trocken schleudern. Die Erdbeeren vorsichtig waschen und entkelchen. Je nach Größe vierteln oder halbieren. Rucola und Erdbeeren auf einem tiefen Teller anrichten. Die Pinienkerne in einer beschichteten Pfanne ohne Fett rösten bis sie duften. Den Salat damit bestreuen. Den Senf, den Zitronensaft, etwas Majoran und Pfeffer gut verrühren. Die Kokosmilch unterschlagen. Das Dressing über den Salat träufeln. Diesen mit Kokosraspeln bestreuen und sofort servieren.

TIPP • TIPP • TI

Achten Sie bitte bei der Kokosmilch darauf, dass kein Sirup oder andere Zuckerarten zugesetzt sind. Anstelle der Pinienkerne können Sie auch Nüsse oder Mandeln verwenden. Außerhalb der Erdbeersaison können Sie auch einmal ausprobieren, wie Ihnen der Salat mit Pfirsichen, Nektarinen oder Mango schmeckt.

1 Portion Rucola-Salat mit Erdbeeren (410 g): ca. 420 kcal, 12 g Eiweiß (12E%), 31 g Fett (67E%), 22 g Kohlenhydrate (21E%). Dieses Hauptgericht liefert 103 kcal pro 100 g.

Kosten: Pro Portion etwa 3,00 Euro.

Dieses Rezept stammt von Ursula Otte aus Bergisch Gladbach. In nur sechs Monaten hat sie ihr Gewicht dank LOGI um 13 Kilo reduziert und ihre Blutzuckerwerte deutlich verbessert. Sie ist überzeugt: »Es ist nie zu spät! – Bisher verzichtete ich nur auf zuckerhaltige Lebensmittel wie Eis, Kuchen und Süßigkeiten, nahm aber dadurch nicht ab. Dann lauschte ich den Ausführungen von Nicolai Worm in einer Fernsehsendung: ‚Kohlenhydrate sind in unserer Zeit, in der die Menschen nicht mehr so viel körperlich arbeiten müssen, gar nicht gesund.' Ich konnte es mir zunächst nicht vorstellen, dass man auch Kohlenhydrate aus Kartoffeln und Brot meiden sollte. Das war neu für mich! Ich brauchte mehr Informationen und las seine Bücher. Prompt fand ich die Antwort auf meine Frage, warum ich nicht abnahm. Es reichte nicht aus, Zucker zu meiden. Ich musste die Kohlenhydratmenge insgesamt reduzieren. Als mein Arzt dann auch noch feststellte, dass ich unter Typ-2-Diabetes litt, entschied ich mich, endlich LOGIsch zu handeln. Ich sagte mir, dass man sein Leben auch mit 70 Jahren noch umkrempeln könne. Gedacht, getan: Ich schränkte ab Juni 2008 meine Kohlenhydratzufuhr zugunsten von eiweißhaltigen Lebensmitteln drastisch ein. Alle für mich wichtigen Werte dokumentierte ich. Somit konnte ich sehen, wie das Gewicht und der Blutzucker sanken. Die vom Arzt in Aussicht gestellten Zuckermedikamente benötige ich nicht – LOGI machte sie überflüssig!«

2 FÜR

Bergischer Wurstsalat. 2 kleine säuerliche Äpfel (Granny Smith, etwa 250 g). 20 Radieschen. 15 Cornichons (150 g). 2 Scheiben Emmentaler (45 % Fett i. Tr.). 150 g Fleischwurst. 1 EL heller Balsamessig (Balsamico bianco). 1 Messerspitze Cayennepfeffer. 1 TL Honig. 1 EL Rapsöl. 1 TL Salz. 2 TL Kresse. Schwarzer Pfeffer nach Geschmack.

Die Äpfel schälen, das Kerngehäuse herausschneiden. Die Radieschen waschen. Äpfel, Radieschen, Cornichons, Käse und Wurst in kleine Streifen etwa gleicher Größe schneiden. In einer Schüssel mischen. Für das Dressing den Essig mit Salz, Pfeffer, Cayennepfeffer und Honig verrühren. Das Öl unterschlagen. Unter den Salat heben. Die Kresse dekorativ darüber streuen.

1 Portion Bergischer Wurstsalat (400 g): ca. 475 kcal, 22 g Eiweiß (20E%), 35 g Fett (64E%), 16 g Kohlenhydrate (16E%). Dieses Hauptgericht liefert 121 kcal pro 100 g.

Kosten: Pro Portion etwa 2,20 Euro.

Ein Rezept von Carmelinda Mangiameli aus Launsbach, die für ihre Schwester Franca die beste LOGI-Hobbyköchin der Welt ist …

2 FÜR

Apfel-Ziegenkäse-Taler mit karamellisiertem Thymian.

125 g Feldsalat. 3 kleine Boskop-Äpfel (etwa 450 g reines Fruchtfleisch). 20 g Cashewkerne. 10 g Butter. 125 g Ziegenkäserolle. 1 ½ TL brauner Zucker. 2 frische Thymianzweige. 1 TL Dijon-Senf. ½ TL Apfeldicksaft (oder Birnendicksaft). 2 EL heller Balsamessig (Balsamico bianco). 1 EL Walnussöl, Salz nach Geschmack. Backpapier.

Den Backofen auf 180° (Umluft 160°) vorheizen. Ein Backblech mit Backpapier belegen. Den Feldsalat waschen, trocken schleudern, verlesen und auf 2 Tellern verteilen. 1 Apfel schälen, das Kerngehäuse herausschneiden und das Fruchtfleisch fein würfeln. Auf dem Feldsalat verteilen. Die Cashewkerne in einer beschichteten Pfanne ohne Fett rösten bis sie duften. Apfelwürfel und Cashewkerne dekorativ über den Feldsalat streuen. Die anderen 2 Äpfel waschen, trocken tupfen, mit einem Apfelausstecher aushöhlen und quer in etwa daumendicke Scheiben schneiden. Die Butter in einer beschichteten Pfanne zerlassen, und die Apfelscheiben darin von beiden Seiten bräunen. Die Ziegenkäserolle in ebenso dicke Scheiben schneiden, auf das Backpapier legen. Die Scheiben mit ganz wenig braunem Zucker (insgesamt nur etwa ½ TL) und ein paar frischen Thymianblättchen bestreuen. Im vorgeheizten Backofen 5–7 Minuten – oder bis der Käse anfängt zu zerlaufen – gratinieren. Währenddessen 1 TL Zucker in einer kleinen beschichteten Pfanne erwärmen bis er karamellisiert. Die Thymianzweige hineindrücken, auf Alufolie legen und aushärten lassen. Dijon-Senf, Apfeldicksaft, 1 Prise Salz und den Essig gut verrühren. Mit dem Walnussöl zu einem cremigen Dressing verschlagen. Den Feldsalat damit beträufeln. Auf den Feldsalatbetten je 3 gebratene Apfelscheiben, den gratinierten Ziegenkäse sowie einen Zweig karamellisierten Thymian anrichten.

1 Portion Apfel-Ziegenkäse-Taler mit karamellisiertem Thymian (408 g): ca. 485 kcal, 16 g Eiweiß (14E%), 31 g Fett (57E%), 34 g Kohlenhydrate (29E%). Dieses Hauptgericht liefert 121 kcal pro 100 g.

Kosten: Pro Portion etwa 1,85 Euro.

SEITE 75

2 FÜR

Fruchtige Eierröllchen. **1 Birne. 1 Apfel. 1 TL Zitronensaft. 4 Eier. 50 ml Vollmilch (3,5 % Fett). 3 Tropfen Arrak- oder Bittermandelaroma. 10 g Butter. 2 EL Magerquark. 5 g Mandelsplitter.**

Birne und Apfel schälen, das Kerngehäuse herausschneiden und das Fruchtfleisch in eine Schüssel raspeln. Mit dem Zitronensaft beträufeln. Die Eier in eine kleine Schüssel aufschlagen, gut mit der Milch und dem Backaroma verquirlen. Die Butter in einer großen beschichteten Pfanne schmelzen lassen. Die Hälfte der Eiermasse eingießen und bei geringer Hitze stocken lassen. Wenden und die andere Seite goldgelb ausbacken. Mit der restlichen Eiermasse genauso verfahren. Den Eierkuchen auf einen Teller stürzen. Das untere Drittel des Pfannkuchens mit 1 EL Quark bestreichen. Darauf die Obstraspel gleichmäßig verteilen, dann den Eierkuchen einrollen. Mit einem scharfen Messer in 6 Stücke gleicher Größe schneiden. Mit Mandelsplitter bestreut servieren.

Tipp *Diese Mahlzeit hinterlässt als süßes Frühstück oder Dessert einen prima Eindruck.*

1 Portion Fruchtige Eierröllchen (294 g): ca. 330 kcal, 19 g Eiweiß (24E%), 20 g Fett (56E%), 17 g Kohlenhydrate (20E%). Dieses süße Frühstück liefert 113 kcal pro 100 g.

Kosten: Pro Portion etwa 0,95 Euro.

2 FÜR

Frittata mit scharfem Fenchelsalat.

2 Fenchelknollen (etwa 400 g). 20 g schwarze entsteinte Oliven. 1 kleine Chilischote. 1 EL Zitronensaft. 1 EL Olivenöl. 3 Schalotten. 4 Eier. 2 EL Milch. 2 EL Mineralwasser mit Kohlensäure. 1 Zweig Thymian. 2 EL geriebener Parmesan. 1 TL Rapsöl. 20 g Speckwürfel. 1 TL Butter. Nach Geschmack Salz und Pfeffer.

Den Fenchel waschen, die Stängel und Wurzelansätze abschneiden. Die Fenchelknollen fein hobeln, in eine Schüssel geben. Die Oliven vierteln und zum Fenchel geben. Die Chili waschen und in sehr dünne Streifen schneiden (mit Handschuhen arbeiten, siehe Seite 44). Zitronensaft, Salz und Chili gut verrühren. Olivenöl unterschlagen. Das Dressing unter den Fenchel heben. Mit Salz und Pfeffer abschmecken und durchziehen lassen bis die Frittata gar ist. Die Schalotten abziehen und in Ringe schneiden. Die Eier mit Milch, Mineralwasser, den Thymianblättchen und dem Parmesan gut verquirlen. Mit Salz und Pfeffer würzen. Rapsöl in einer beschichteten Pfanne erhitzen, die Speckwürfel und Schalotten darin anbraten. Mit Salz und Pfeffer würzen. Die Butter zugeben und die Eiermasse eingießen, sobald die Butter geschmolzen ist. Bei reduzierter Hitzezufuhr stocken lassen, wenden und die andere Seite ausbacken. Die Frittata mit dem scharfen Fenchelsalat servieren.

1 Portion Frittata mit scharfem Fenchelsalat (527 g): ca. 515 kcal, 31 g Eiweiß (24E%), 37 g Fett (63E%), 16 g Kohlenhydrate (13E%). Dieses Hauptgericht liefert nur 99 kcal pro 100 g.

Kosten: Pro Portion etwa 3,50 Euro.

2 FÜR

Mediterraner Eiersalat.

6 Eier. 2 rote Zwiebeln. 100 g getrocknete Tomaten (nicht in Öl eingelegt). 20 g entsteinte grüne Oliven. 8 Basilikumblättchen. 30 g Kapern. ½ TL getrocknete italienische Kräuter. 2 EL Olivenöl. Nach Geschmack Salz und Pfeffer.

Die Eier in 8–10 Minuten hart kochen, kalt abschrecken, pellen und vierteln. In einer Schüssel oder auf einer Platte anrichten. Die roten Zwiebeln abziehen und in Ringe schneiden. Die Tomaten und Oliven in feine Scheiben schneiden. Die Basilikumblättchen mit einer Schere in feine Streifen schneiden. Zwiebeln, Tomaten, Basilikum und Kapern in einem Schüsselchen mischen. Mit Salz, Pfeffer und italienischen Kräutern würzen, dann das Olivenöl zugeben und alles gut vermengen. Gleichmäßig über die Eier geben, eventuell vorsichtig unterheben.

1 Portion Mediterraner Eiersalat (437 g): ca. 495 kcal, 28 g Eiweiß (23E%), 35 g Fett (62E%), 18 g Kohlenhydrate (15E%). Dieses Hauptgericht liefert 113 kcal pro 100 g.

Kosten: Pro Portion etwa 2,90 Euro.

2 FÜR **Kalte Lauch-Speck-Tortilla.** 250 g Lauch (verzehrbarer Anteil). 1 kleine rote Zwiebel. 3 TL Olivenöl. 4 Eier (Größe S). 3 EL Milch (3,5 % Fett). 40 g geriebener Parmesan. 1 EL frisch gehackte Blattpetersilie. 20 g Speckwürfel. Salz und Pfeffer nach Geschmack.

Vom Lauch das grüne Ende und den Wurzelansatz abschneiden. Die Stange in maximal 1 cm breite Ringe schneiden, in eine Schüssel geben und waschen, dann absieben. Zwiebel abziehen und in feine Ringe schneiden. 2 TL Olivenöl in einer beschichteten Pfanne erhitzen. Lauch- und Zwiebelringe darin bei mittlerer Temperatur unter ständigem Wenden 6–8 Minuten anbraten. Die Eier mit der Milch und dem Parmesan, Salz und Pfeffer verquirlen. Petersilie und Speckwürfel zu den Eiern geben. Das restliche Öl zum Lauch geben und erhitzen. Das Eigemisch über den Lauch gießen und ebenmäßig verstreichen. Die Tortilla bei geringer Hitzezufuhr und geschlossenem Deckel etwa 5–7 Minuten stocken lassen. Dann wenden. Dafür die Tortilla auf einen flachen Teller stürzen, wieder in die Pfanne gleiten lassen und weitere 5 Minuten garen.

1 Portion Lauch-Speck-Tortilla (320 g): ca. 395 kcal, 27 g Eiweiß (28E%), 30 g Fett (65E%), 7 g Kohlenhydrate (7E%).

2 FÜR

Spinat-Eier-Rolle mit Lachs. 180 g Blattspinat (TK). 4 Eier (Größe M). 30 g geriebener Gratinkäse. 1 Msp. Muskat. Salz und Pfeffer nach Geschmack. Für die Füllung: 100 g Frischkäse (Magerstufe). 100 g geräucherter Lachs. 1 TL Senf (süß). Alufolie.

Den Backofen auf 200° (Umluft 180°) vorheizen. Spinat auftauen, ausdrücken und pürieren. Die Eier trennen. Eigelbe mit Spinat und Käse verrühren. Mit Muskat, Salz und Pfeffer würzen. Eiweiß steif schlagen und unter die Ei-Spinat-Käse-Masse rühren. Ein Backblech mit Backpapier belegen. Eimasse daraufgeben und dünn verstreichen. Im Ofen (Mitte) 15 Minuten backen. Abkühlen lassen. Backpapier vorsichtig vom Omelett abziehen. Omelett auf die Alufolie legen und einseitig mit Frischkäse bestreichen. Lachs darauf verteilen und mit Senf bestreichen. Omelett fest einrollen, in der Alufolie einwickeln und 30 Minuten kühl stellen. Die Eierrolle in 1–2 cm dicke Scheiben schneiden.

1 Portion Spinat-Eier-Rolle mit Lachs (320 g): ca. 370 kcal, 38 g Eiweiß (42E%), 23 g Fett (53E%), 7 g Kohlenhydrate (5E%).

SEITE 79

Balsamicozwiebeln mit gratiniertem Feta

Spinat-Feta-Quiche

2 FÜR

Balsamicozwiebeln mit gratiniertem Feta. 5 rote Zwiebeln. 200 g Fetakäse. 2 TL rosa Pfefferbeeren. 1 EL Walnuss- oder Haselnussöl. 2 kleine Orangen (geschält gewogen etwa 250 g). 2 EL Balsamessig (Aceto balsamico). Nach Geschmack Salz. Alufolie.

Den Backofen auf 200° (Umluft 180°) vorheizen. Die Zwiebeln abziehen, vierteln, auf ein großes Stück Alufolie legen und diese oben mehrfach einschlagen, sodass ein Päckchen entsteht. Dieses in eine kleine Auflaufform oder auf ein Blech legen. Im vorgeheizten Ofen (Mitte) etwa 25 Minuten grillen, bis die Zwiebeln gar sind. Den Feta quer halbieren, in eine separate Auflaufform geben und 5–10 Minuten bevor die Zwiebeln gar sind ebenfalls in den Ofen stellen. Gratinieren, bis er gerade anfängt zu zerlaufen. Inzwischen die rosa Pfefferbeeren mit dem Nussöl mischen. Die Orangen schälen und filetieren, den austretenden Saft auffangen. Die Zwiebeln aus der Alufolie in die heiße Auflaufform gleiten lassen. Leicht salzen, die Orangenfilets, den Essig und den Orangensaft unterheben. Das Nussöl mit den rosa Pfefferbeeren gleichmäßig darüber träufeln. Den gratinierten Feta darauf anrichten und servieren.

TIPP *Statt Fetakäse können Sie auch eine Ziegenkäserolle gratinieren.*

1 Portion Balsamicozwiebeln mit gratiniertem Feta (479 g): ca. 408 kcal, 22 g Eiweiß (22E%), 26 g Fett (56E%), 22 g Kohlenhydrate (22E%). Dieses leichte Gericht liefert nur 85 kcal pro 100 g.

Kosten: Pro Portion etwa 1,60 Euro.

VEGETARISCH LÄSST ES SICH LOGI LEBEN!

4 FÜR

Für 1 Auflaufform (24 cm Durchmesser)

Spinat-Feta-Quiche. 150 g Ricotta. 150 g Frischkäse (Fettstufe). 30 g geriebener Parmesan. 5 Eier. 35 g Kichererbsenmehl. 1 TL Olivenöl. Etwas Butter zum Einfetten. 600 g TK-Blattspinat. 125 g Fetakäse. 150 ml Vollmilch (3,5 % Fett). Nach Geschmack Salz, Pfeffer und Muskatnuss. 1 Quicheform (Durchmesser 24 cm).

Den Backofen auf 180° (160° Umluft) vorheizen. Ricotta, Frischkäse, Parmesan, 2 Eier, Kichererbsenmehl und Öl zu einem glatten Teig verrühren. Mit Salz und Pfeffer würzen. Eine Quicheform dünn mit Butter einfetten. Den Teig gleichmäßig darin verstreichen und im vorgeheizten Ofen (Mitte) 10 Minuten vorbacken. Nach dieser Zeit herausnehmen. Inzwischen den Spinat in einem Topf mit wenig Wasser dünsten. Das Wasser ausdämpfen lassen, sodass der Spinat relativ trocken ist. Eventuell in ein Sieb abgießen und gut ausdrücken. Mit Salz, Pfeffer und 1 Prise Muskatnuss würzen. Den Feta zerbröckeln. 3 Eier gut mit der Milch verquirlen. Mit Salz und Pfeffer kräftig würzen. Den Spinat auf dem vorgebackenen Boden verteilen. Mit Feta bestreuen und mit der Eier-Milch übergießen. Im Backofen (Mitte) noch etwa 30 Minuten bei 175° (Umluft 160°) backen.

Tipp *Die Quiche schmeckt auch kalt gut. Einfach eine größere Portion zubereiten und am nächsten Tag noch einmal davon essen.*

KOHLENHYDRATE SPAREN

Statt aus einem Mehlteig besteht der Boden dieser Spinat-Feta-Quiche aus kohlenhydratarmen Zutaten wie Kichererbsenmehl und Frischkäse. Der Kohlenhydrat-Spareffekt gegenüber einer traditionellen Spinat-Feta-Quiche liegt bei 34 Gramm pro Portion. Das entspricht der Kohlenhydratmenge von zwei Scheiben Vollkornbrot! Und eine Portion der Quiche enthält 50 Prozent weniger Energie als das Original.

Variationen:

Broccoli-Quiche: 400 g Broccoli in Salzwasser garen und anschließend pürieren. Mit Salz und Pfeffer kräftig würzen. 3 Eier mit 50 g geriebenen Emmentaler und 3 EL Magerquark verrühren. Die Eiermasse mit Salz und Pfeffer würzen. Auf dem vorgebackenen Boden zuerst die Broccolimasse verteilen. Die Eiermasse darüber gießen und diese Quiche wie die Spinat-Quiche im Ofen etwa 30 Minuten backen.

Hackfleisch-Quiche: 1 große Zwiebel abziehen und fein würfeln. 2 Möhren putzen, waschen und grob raspeln. Zwiebeln und Möhren in 1 TL Olivenöl dünsten. 150 g Hackfleisch dazugeben und unter Rühren mitbraten. Mit Salz und Pfeffer würzen. 3 Eier mit 3 EL Magerquark verquirlen, mit Salz und Pfeffer würzen und mit der Hackfleischmasse vermengen. Alles auf den vorgebackenen Boden geben und gleichmäßig verteilen. 50 g geriebenen Emmentaler darüber streuen und im Backofen etwa 30 Minuten backen.

1 Portion Spinat-Feta-Quiche (385 g): ca. 425 kcal, 33 g Eiweiß (31E%), 29 g Fett (59E%), 9 g Kohlenhydrate (8E%). Dieses Hauptgericht liefert 111 kcal pro 100 g.

Kosten: Pro Portion etwa 1,65 Euro.

Diese herzhafte Tarte ist eines der Lieblingsgerichte von Ruth Grönert aus Jettingen-Scheppach. Nach der Umstellung ihrer Ernährung auf die LOGI-Methode hat sie endlich die sechs Kilo abgenommen, die ihr zum Wunschgewicht gefehlt haben.

FÜR 2

Bodenlose Paprikatarte. 1 mittelgroße Zwiebel. Je 1 rote, gelbe und grüne Paprikaschote. 1 EL Rapsöl. 50 g getrocknete, in Öl eingelegte Tomaten. 100 g Fetakäse. 20 g grüne Oliven ohne Stein. 30 g schwarze Oliven ohne Stein. 3 Eier. 200 g saure Sahne. 1 TL Butter zum Einfetten. Nach Geschmack Salz, Pfeffer, Muskat und Kräuter der Provence.

Die Zwiebel abziehen und in Ringe schneiden. Die Paprikaschoten putzen, waschen und in Streifen schneiden. Diese quer halbieren. Das Öl in einer beschichteten Pfanne erhitzen. Bei mittlerer Hitze die Zwiebeln 3 Minuten mitbraten. Dann die Paprika zugeben und zugedeckt 10 Minuten dünsten. Den Backofen auf 200° (Umluft 180°) vorheizen. Die Tomaten, den Feta und die Oliven abtropfen lassen. Jeweils in kleine Würfel schneiden. Diese unter die Paprika mischen. Die Eier mit saurer Sahne, wenig Salz, Pfeffer, Muskat und Kräutern der Provence verrühren. Eine Auflaufform (ca. 15 x 24 cm) dünn mit Butter einfetten. Das Gemüse darin verteilen und mit der Eiersahne übergießen. Im vorgeheizten Ofen (Mitte) etwa 40 Minuten backen. Die Oberfläche sollte eine sanfte Bräune annehmen.

TIPP *Am besten schmeckt die Paprikatarte mit Schafsmilchfeta.*

1 Portion Bodenlose Paprikatarte (563) g: ca. 640 kcal, 26 g Eiweiß (19E%), 51 g Fett (74E%), 19 g Kohlenhydrate (7E%). Dieses Hauptgericht liefert 110 kcal pro 100 g.

Kosten: Pro Portion etwa 2,45 Euro.

VEGETARISCH LÄSST ES SICH LOGI LEBEN!

Die Anregung für diese tollen LOGI-Pizzen stammt aus dem LOGI-Forum. Leider ist es uns nicht gelungen, die Autorin ausfindig zu machen. Wir bedanken uns aber herzlich für dieses leckere Rezept!

Die schnellste Pizza der Welt!

2 FÜR

Auberginen-Minipizzen. 2 große Auberginen (etwa 800 g). 1 EL Tomatenmark. 1 kleine Dose stückige Tomaten (Abtropfgewicht 240 g). 1 EL Olivenöl. 1 TL Oregano. 1 TL Basilikum (frisch oder getrocknet). Etwa 50 g Käse zum Überbacken (zum Beispiel Mozzarella, Emmentaler oder Parmesan). Nach Geschmack Salz und Pfeffer. Belag nach Wahl. Backpapier.

Den Backofen auf 200° (Umluft 180°) vorheizen. Die Auberginen waschen, putzen und quer in fingerdicke Scheiben schneiden. Salzen und zugedeckt 10–15 Minuten ruhen lassen. Tomatenmark, stückige Tomaten, Olivenöl und Kräuter verrühren. Mit Salz und Pfeffer abschmecken. Die Auberginenscheiben auf ein mit Backpapier belegtes Backblech legen und 5 Minuten im vorgeheizten Ofen (Mitte) vorbacken. Herausnehmen und mit der Tomatensauce bestreichen. Nach Belieben wie eine Pizza belegen und mit Käse bestreuen. Weitere 10–12 Minuten backen.

Was den Belag angeht, sind Ihrer Phantasie keine Grenzen gesetzt. Erlaubt ist, was schmeckt, denn der Pizzabelag ist in der Regel kohlenhydratarm. Beispielsweise können Sie die Auberginenpizza mit Spinat und Feta, mit Thunfisch oder auch klassisch mit Schinken und Pilzen belegen.

Statt eines kohlenhydratreichen Pizzateigs aus Weizenmehl dienen hier große Auberginenscheiben als Basis der saftigen Pizza. Der Kohlenhydrat-Spareffekt ist gigantisch: Mit 160 Gramm Auberginenpizza sparen Sie gegenüber einer vergleichbaren Portion traditioneller Pizza das 14-fache an Kohlenhydraten ein! Aber damit noch nicht genug, der Boden ist auch um das Vierfache ärmer an Kalorien.

KOHLEN HYDRATE SPAREN

Beispiel: 1 Auberginen-Minipizza belegt mit Spinat, Schinken und Feta (160 g): ca. 86 kcal, 6 g Eiweiß (30E%), 5 g Fett (55E%), 3 g Kohlenhydrate (15E%). Dieser Antipasto liefert nur 54 kcal pro 100 g.

Kosten: Pro Portion je nach Belag etwa 1,10 Euro.

2 FÜR

Seitan in dunkler Sauce mit Rotkohlbeilage. 500 g Rotkohl. 1½ kleine Äpfel. 1 EL Rapsöl. 3–4 Lorbeerblätter. 20 ml Aceto balsamico (dunkel). Salz nach Geschmack. **Für die Gewürzpaste:** 1 walnussgroßes Stück Ingwer. 3 kleine Strauchtomaten. 2 EL Erdnussöl. ½ TL Chilis (getrocknet). 1 TL Paprikapulver (edelsüß). 3 dunkle Kardamomkapseln. ½ TL Kümmel (gemahlen). 4 Nelken. 1–2 Sternanis. 3–4 Lorbeeren. ½ TL Zimt. 300 g Seitan. 1 EL Erdnussöl. 150 ml Aceto balsamico (dunkel). 200 ml Gemüsebrühe. 3 EL dunkle Sojasauce. 1 EL Austernsauce. 1 TL Tamarindensirup. Saft 1 Orange. 2 EL Lupinenmehl (oder Sojamehl). Salz nach Geschmack.

Den Rotkohl in feine Streifen schneiden. 1 Apfel schälen und in dicke Spalten schneiden. Rapsöl in einer beschichteten Pfanne erhitzen. Apfelspalten kurz darin anbraten. Den Rotkohl zugeben und bei geschlossenem Deckel und schwacher Hitze etwa 30 Minuten schmoren. Anschließend Lorbeerblätter, Aceto balsamico und etwas Salz unter das Rotkraut rühren und dieses weitere 15 Minuten schmoren.

Ingwer klein schneiden. Tomaten klein würfeln. 2 EL Erdnussöl in einer Pfanne erhitzen. Ingwer und Gewürze darin anrösten. Tomaten hinzufügen und kurz mitbraten. Pfanne von der Herdplatte nehmen.

Den halben Apfel schälen und reiben. Seitan in 2 cm dicke Scheiben schneiden. Mit Salz würzen. Erdnussöl in einer beschichteten Pfanne erhitzen. Seitan von allen Seiten anbraten, bis er leicht Farbe annimmt. Mit Aceto balsamico und Gemüsebrühe ablöschen. Geriebenen Apfel, Sojasauce, Austernsauce und Tamarindensirup hinzufügen und 3–5 Minuten köcheln lassen. Mit Orangensaft abschmecken. 2–3 EL der Gewürzpaste unterrühren. Weitere 4–5 Minuten köcheln lassen.

Um die Sauce etwas anzudicken, 2–3 EL des Suds mit Lupinenmehl klumpenfrei verrühren und wieder zum Seitan geben. Das Ganze gut verrühren und 2–3 Minuten köcheln lassen. Seitan auf zwei Tellern anrichten, mit Sauce übergießen und mit Rotkohl servieren.

1 Portion Seitan in dunkler Sauce mit Rotkohlbeilage. (800 g): ca. 635 kcal, 55 g Eiweiß (35E%), 29 g Fett (41E%), 36 g Kohlenhydrate (24E%).

SEITE 85

2 FÜR

Süße Pilzpfanne mit Mozzarella. **400 g Pfifferlinge. 250 g frische Ananas (geschält gewogen). 1 große Zwiebel. 1 TL Rapsöl. 200 g Mozzarellakugeln. 100 ml Vollmilch (3,5 % Fett). Nach Geschmack Salz und Pfeffer.**

Die Pfifferlinge trocken abbürsten. Die Ananas schälen und in fingerdicke Ringe und anschließend in fingerbreite Rauten schneiden. Die Zwiebel abziehen, fein würfeln. Das Öl in einer beschichteten Pfanne erhitzen. Pilze und Ananas darin anbraten und bei mittlerer Hitzezufuhr etwa 10 Minuten schmoren. Inzwischen die Mozzarellakugeln abtropfen lassen. Die Pilzpfanne mit der Milch ablöschen und mit Salz und Pfeffer würzen. Unmittelbar vor dem Servieren die Mozzarellakugeln untermischen.

1 Portion Süße Pilzpfanne mit Mozzarella (513 g): ca. 411 kcal, 25 g Eiweiß (25E%), 26 g Fett (57E%), 18 g Kohlenhydrate (18E%). Dieses Hauptgericht liefert nur 80 kcal pro 100 g.

Kosten: Pro Portion etwa 3,60 Euro.

VEGETARISCH LÄSST ES SICH LOGI LEBEN!

Klein, aber oho!

2 FÜR

Linsentaler. 100 g Pardina-Linsen. 2 Frühlingszwiebeln. 1 EL gehackte Petersilie. 1 TL gehackte Pistazien. 2 EL geriebener Parmesan. 2 EL Weizenmehl. 1 Ei. 1 Eigelb. 2 EL Rapsöl. 2 EL scharfe Chilisauce. Nach Geschmack Salz und Cayennepfeffer.

Die Linsen in 200 ml Wasser etwa 30 Minuten kochen, bis das Wasser aufgesogen ist. Inzwischen die Frühlingszwiebeln putzen und in feine Ringe schneiden, diese evtl. noch feiner hacken. Die Linsen mit Salz und Cayennepfeffer würzen. Frühlingszwiebeln, Petersilie, Pistazien, Parmesan, Mehl, Ei und Eigelb gut mit den Linsen verrühren. Nach Geschmack mit Salz und Cayennepfeffer abschmecken. Aus dem Linsenteig esslöffelgroße Taler formen. Das Öl in einer beschichteten Pfanne erhitzen und bei geringer Hitze auf beiden Seiten goldbraun braten. Mit scharfer Chilisauce servieren.

Tipp · Tipp

Die Taler nur bei schwacher Hitze braten. Das dauert etwas länger, dafür trocknen sie nicht aus. Reichen Sie dazu eine große Schüssel Salat. Die Taler können Sie auch mit roten Linsen zubereiten. Diese haben eine kürzere Garzeit von nur 15–20 Minuten.

1 Portion Linsentaler (280 g): ca. 396 kcal, 23 g Eiweiß (24E%), 18 g Fett (42E%), 34 g Kohlenhydrate (34E%). Diese Tapas liefern 140 kcal pro 100 g.

Kosten: Pro Portion etwa 3,70 Euro.

2 FÜR

Selleriepuffer mit Apfelmus. 2 große Äpfel (zum Beispiel Golden Delicious, Gala, etwa 400 g). ½ Zitrone. 400 g Knollensellerie (geschält gewogen). 2 Frühlingszwiebeln. 3 Eier. 1 Msp. Muskatnuss. 3 EL Kichererbsenmehl. 30 g Parmesan. 3 EL Rapsöl. Nach Geschmack Salz und Pfeffer.

Die Äpfel schälen, das Kerngehäuse herausschneiden und die Äpfel in Stücke schneiden. Die Zitrone auspressen. Den Saft mit 80 ml Wasser und den Apfelstücken in einem kleinen Topf zum Kochen bringen. Bei mittlerer Hitzezufuhr 10–15 Minuten offen einkochen lassen. Den Backofen auf 50° vorheizen, einen Teller auf den Gitterrost im Ofen stellen. Das Apfelkompott abkühlen lassen. Anschließend fein pürieren und kalt stellen. Den Sellerie schälen, waschen und fein raspeln. In ein Sieb geben, leicht salzen und über einer Schüssel 10 Minuten ziehen lassen. Sellerieraspeln gut ausdrücken. Die Frühlingszwiebel putzen und in feine Ringe schneiden. Die Eier mit Salz, Pfeffer und Muskat verquirlen. Das Kichererbsenmehl und den Parmesan unterschlagen. Sellerie und Frühlingszwiebeln einrühren. Das Öl in einer beschichteten Pfanne erhitzen. Die Hitze reduzieren und mit einem Löffel flache Selleriepuffer hineinsetzen. Bei mittlerer Hitze von beiden Seiten ca. 2 Minuten goldbraun braten. Die Puffer mit Küchenkrepp abtupfen und auf dem vorgewärmten Teller im Ofen warm halten bis alle Puffer gebacken sind.

KOHLEN HYDRATE SPAREN

Genauso gut wie aus Kartoffeln kann man Puffer aus Sellerie herstellen. Gemüse statt Kartoffeln führt zu einem Kohlenhydrat-Spareffekt von 65 Prozent Kohlenhydrate und 165 Kilokalorien pro Portion Selleriepuffer mit Apfelmus im Vergleich zu einer Portion Kartoffelpuffer mit Apfelmus.

1 Portion Selleriepuffer mit Apfelmus (492 g): ca. 524 kcal, 25 g Eiweiß (18E%), 31 g Fett (52E%), 36 g Kohlenhydrate (28E%). Dieses Hauptgericht liefert 115 kcal pro 100 g.

Kosten: Pro Portion etwa 1,75 Euro.

SEITE 89

FÜR 2

Tofu mit Olivenkruste im Zwiebelbett. 10 schwarze Oliven ohne Stein. 2 EL Pinienkerne. 5 Blättchen Basilikum. 20 g Parmesan. 1 TL Weizenmehl. 200 g geräucherter Tofu. 3 EL Olivenöl. 4 große Zwiebeln (etwa 350 g). ½ TL Honig. 1 EL Essig. 1 TL rote Pfefferbeeren. Nach Geschmack Salz und Pfeffer. Etwas Butter für die Form.

Den Backofen auf 200° (Umluft 180°) vorheizen. Die Oliven abtropfen lassen und fein würfeln. Die Pinienkerne in einer beschichteten Pfanne ohne Fett rösten bis sie duften. Anschließend im Mörser fein zerkleinern. Die Basilikumblättchen in feine Streifen schneiden. 1 EL Öl, Oliven, Pinienmehl, Basilikum, Parmesan und Mehl gut verrühren. Mit Salz und Pfeffer würzen. Den Tofu mittig quer durchschneiden. 1 EL Olivenöl in einer beschichteten Pfanne erhitzen und den Tofu darin rundum braten, bis er leicht gebräunt ist. Mit Salz und Pfeffer würzen. Eine Auflaufform dünn mit Butter einfetten. Den Tofu hineinlegen und die Oberseite jeweils mit der Oliven-Creme bestreichen. Im Ofen (Mitte) etwa 15 Minuten backen, bis sich eine goldbraune Kruste bildet. In der Zwischenzeit die Zwiebeln abziehen und in Ringe schneiden. 1 EL Olivenöl in einer beschichteten Pfanne erhitzen. Die Zwiebeln darin bei niedriger Temperatur glasig dünsten. Honig und Essig unterrühren, mit Salz und Pfeffer würzen. Den Herd abstellen, aber das Zwiebelgemüse noch darauf stehen lassen. Kurz vor dem Servieren mit roten Pfefferbeeren garnieren. Die Zwiebeln auf 2 Tellern anrichten, jeweils eine Tofuschnitte obenauf legen.

1 Portion Tofu mit Olivenkruste im Zwiebelbett (463 g): ca. 561 kcal, 30 g Eiweiß (19E%), 43 g Fett (71E%), 14 g Kohlenhydrate (10E%). Dieses Hauptgericht liefert 121 kcal pro 100 g.

Kosten: Pro Portion etwa 2,20 Euro.

VEGETARISCH

LÄSST ES SICH LOGI LEBEN!

SEITE 91

INFO · INFO · INFO · INFO

Kulinarisch haben uns die Franzosen einiges voraus. Auch für die LOGI-Ernährung haben wir in Frankreich einige interessante Anregungen gefunden. Zum Beispiel gibt es dort im Discounter Möhren-Pommes aus der Tiefkühltruhe. Diese bestehen zu 80 Prozent aus Möhren und liefern nur wenige Kohlenhydrate. Durch diese Pommes inspiriert, haben wir dieses Rezept kreiert, um einen leckeren Pommesersatz anzubieten. Dieses Rezept wird auch alle Eltern kleiner Gemüsemuffel ansprechen, denn Möhren-Pommes sind eine gute Möglichkeit, Gemüse geschickt zu verstecken.

FÜR 4

Möhren-Kichererbsen-Pommes. 300 g Möhren. 100 g Kichererbsenmehl. 300 ml eiskaltes Wasser. ½ TL Salz. 1½ EL Rapsöl. Nach Geschmack Paprikapulver edelsüß. Backpapier.

Die Möhren putzen, waschen, längs halbieren und in feine Scheiben schneiden. In einem Topf mit etwas Wasser zum Kochen bringen. 8–12 Minuten kochen lassen. In ein Sieb gießen und abtropfen lassen. Die Möhren wieder in den Topf geben und fein pürieren. Erneut erhitzen und das Püree bei schwacher Hitze und unter ständigem Rühren 5–7 Minuten einkochen lassen. Mit Salz würzen. Das Kichererbsenmehl mit 300 ml Eiswasser klumpenfrei verrühren. 1 TL Rapsöl und das Salz unterrühren. Den Kichererbsenbrei in einem kleinen Topf langsam erwärmen. Unter ständigem Rühren etwa 7 Minuten köcheln lassen, bis der Teig eine festere Konsistenz annimmt. Das Möhrenpüree darauf geben und mit dem Kichererbsenbrei zu einem glatten Teig verrühren. Ein Brettchen mit Backpapier belegen. Die warme Möhren-Kichererbsen-Masse schnell und gleichmäßig darauf verstreichen. Sie sollte etwa fingerdick aufgetragen werden. Auf dem Brett 30 Minuten ruhen und erkalten lassen. Den Backofen auf 200° (keine Umluft) vorheizen. Ein Blech mit Backpapier belegen. Den nun festen Teig einmal längs und zweimal quer – wie Pommes – in Streifen schneiden. Die Oberfläche mithilfe eines Backpinsels gleichmäßig mit Öl bestreichen. Die Pommes mit der geölten Seite nach unten auf das Backblech legen und die Oberseite ebenfalls dünn mit Öl bestreichen. Die Pommes mit Paprikapulver würzen und im vorgeheizten Ofen (oben) in 10–15 Minuten ausbacken, zwischendurch wenden. Salzen und sofort servieren.

TIPP

Den Kichererbsenteig während der Erwärmung konsequent rühren, damit er nicht verklumpt oder anbrennt und rasch weiterverarbeiten, da er sonst schnell fest wird.

KOHLENHYDRATE SPAREN

Kichererbsenmehl und Möhrenpüree ersetzen die Kartoffelbasis. Das macht die Pommes richtig LOGIsch. Der Kohlenhydrat-Spareffekt: Im Vergleich zu Original-Pommes liefern Möhren-Pommes 59 Prozent weniger Kohlenhydrate und 80 Kilokalorien weniger pro Portion.

1 Portion Möhren-Kichererbsen-Pommes (150 g): ca. 134 kcal, 5 g Eiweiß (16E%), 6 g Fett (43E%), 14 g Kohlenhydrate (41E%). Diese Beilage liefert nur 90 kcal pro 100 g.

Kosten: Pro Portion etwa 0,25 Euro.

VEGETARISCH LÄSST ES SICH LOGI LEBEN!

SEITE 93

FÜR 2

Petersilienwurzel-Pommes. **300 g Petersilienwurzeln. 1½ EL Rapsöl. Nach Geschmack Salz und Paprikapulver rosenscharf. Backpapier für die Ofenvariante.**

In einem Topf Wasser zum Kochen bringen. Die Petersilienwurzeln schälen und in pommesähnliche Stifte schneiden. Das Wasser salzen und die Petersilienwurzelstifte darin 3 Minuten blanchieren. In ein Sieb gießen, mit eiskaltem Wasser abschrecken und gut abtropfen lassen. Entweder in der Pfanne oder im Ofen ausbacken. Die Pfannenvariante: Das Öl in einer beschichteten Pfanne erhitzen. Die Petersilienstifte hineingeben, die Hitzezufuhr sofort reduzieren und die Pommes etwa 10 Minuten braten. Mit Salz und Paprikapulver würzen.

Die Ofenvariante: Den Backofen auf 180° Umluft vorheizen. Ein Backblech mit Backpapier belegen. Die Petersilienstifte in einer Schüssel mit dem Rapsöl mischen und auf dem Blech verteilen. Im vorgeheizten Ofen (200°) etwa 10 Minuten backen. Mit Salz und Paprikapulver würzen.

TIPP

Dies ist eine noch schnellere und unkompliziertere Pommes-Variante als die Möhren-Pommes. Verwenden Sie am besten eine große Petersilienwurzel, da diese sich besser in gleichmäßige Stifte schneiden lässt.

KOHLENHYDRATE SPAREN

Mit einer Portion Petersilienwurzel-Pommes sparen Sie gegenüber einer vergleichbaren Portion Kartoffel-Pommes 60 Prozent Kohlenhydrate ein!

1 Portion Petersilienwurzel-Pommes (160 g): ca. 120 kcal, 2 g Eiweiß (7E%), 10 g Fett (71E%), 7 g Kohlenhydrate (22E%). Diese Beilage liefert nur 93 kcal pro 100 g.

Kosten: Pro Portion etwa 0,50 Euro.

2 FÜR

Mangold mit Tofu-Käse-Kruste. 400 g Mangold. 1 Zwiebel. 1 Knoblauchzehe. 200 g Tofu. 100 ml Vollmilch (3,5 % Fett). 50 g geriebener Emmentaler. 20 g gehackte Pistazien. Etwas Butter für die Form. Nach Geschmack Salz und Pfeffer.

Den Backofen auf 200° (Umluft 180°) vorheizen. Den Mangold putzen, dabei die Stiele vom Blattgrün trennen, gründlich waschen und trocken schleudern. In einem Topf reichlich Wasser zum Kochen bringen. Die Mangoldstiele schräg in schmale Streifen schneiden. Die Blätter einmal längs halbieren. Das Wasser salzen. Die Stiele darin 4–5 Minuten blanchieren. Die Blätter zugeben und 1 Minute mitgaren. In ein Sieb gießen und mit eiskaltem Wasser abschrecken. Gut abtropfen lassen. Eine kleine Auflaufform (Durchmesser 20 cm) dünn mit Butter einfetten. Den Mangold darin verteilen, mit Salz und Pfeffer würzen. Zwiebel und Knoblauch abziehen. Die Zwiebel in feine Würfel schneiden. Den Tofu abtropfen lassen und in grobe Stücke schneiden. Mit der Milch pürieren. Die Zwiebelwürfel zugeben, den Knoblauch dazupressen und erneut pürieren. Den Emmentaler unterheben, mit Salz und Pfeffer würzen. Den Mangold gleichmäßig mit der Tofucreme übergießen und mit Pistazien bestreuen. Im vorgeheizten Ofen (oben) 7–10 Minuten gratinieren.

TIPP *Anstelle des Mangolds können Sie auch Spinat verwenden.*

1 Portion Mangold mit Tofu-Käse-Kruste (335 g): ca. 311 kcal, 24 g Eiweiß (32E%), 20 g Fett (59E%), 8 g Kohlenhydrate (9E%). Dieses leichte Hauptgericht liefert nur 93 kcal pro 100 g.

Kosten: Pro Portion etwa 2,20 Euro.

2 FÜR

Auberginen und Zucchini im Eimantel. 1 Zucchino (etwa 150 g). 1 Aubergine (etwa 300 g). 2 Eier. 2 EL Rapsöl. 2 EL Mehl. Nach Geschmack Salz und Pfeffer.

Den Zucchino und die Aubergine waschen, putzen und in fingerdicke Scheiben schneiden. Diese jeweils beidseitig leicht salzen. Zugedeckt 10–15 Minuten ruhen lassen. Dann die Eier auf einem großen Teller mit Salz und Pfeffer verquirlen. Das Öl in einer beschichteten Pfanne erhitzen. Die Gemüsescheiben beidseitig hauchdünn mit Mehl bestäuben, dann im Ei wenden. Im heißen Fett auf jeder Seite 1–2 Minuten braten bis sie weich sind.

TIPP · TIPP

Das mediterrane Gemüse schmeckt als italienische Antipasti genauso gut wie als Beilage zu einem Fleischgericht.

Durch die Eihülle saugen sich die Auberginenscheiben nicht mit Fett voll.

1 Portion Auberginen und Zucchini im Eimantel (400 g): ca. 289 kcal, 13 g Eiweiß (19E%), 20 g Fett (60E%), 15 g Kohlenhydrate (21E%). Diese Tapas liefern nur 71 kcal pro 100 g.

Kosten: Pro Portion etwa 1,25 Euro.

Dieses Rezept stammt von Theresa Schöttl aus Gießen. Sie backt leidenschaftlich gern und hat im Rahmen ihres Praktikums bei Franca Mangiameli die LOGIschen Backherausforderungen bestens gemeistert.

Für 1 Muffinblech, ergibt 12 Muffins

Mediterrane Zucchiniküchеrl. ½ Zwiebel. 300 g Zucchini. 10 g schwarze Oliven ohne Stein. 8 getrocknete Tomaten (nicht in Öl eingelegt). 70 g Fetakäse. 3 Eier. 10 g Butter. 125 g Magerquark. 50 g gemahlene Mandeln. 50 g Haferkleie. 1 TL Backpulver. Nach Geschmack Salz, Pfeffer und getrocknetes Basilikum. Papierbackförmchen für das Muffinblech.

Den Ofen auf 180° (Umluft 160°) vorheizen. Papierbackförmchen in die Vertiefungen des Muffinblechs setzen. Die Zwiebel abziehen und fein raspeln. Die Zucchini waschen, putzen und beide Enden abschneiden. Zucchini ebenso fein raspeln, in ein Sieb geben und gut ausdrücken. Die Oliven und die getrockneten Tomaten in feine Streifen schneiden. Zucchini, Zwiebel, Oliven und Tomaten mischen. Mit Salz, Pfeffer und Basilikum würzen. Den Feta in kleine Würfel schneiden. Die Eier trennen. Die Eigelbe mit Butter und Quark verschlagen. Mit Mandeln, Haferkleie und Backpulver zu einem glatten Teig verrühren. Die Zucchinimischung und den Feta unterheben. Die Eiweiße steif schlagen und vorsichtig unterziehen. Den Teig in die Papierförmchen füllen. Im vorgeheizten Ofen (Mitte) etwa 25 Minuten backen. Die Kücherl sollten leicht gebräunt sein.

1 Mediterranes Zucchiniküchеrl (ca. 60 g): ca. 82 kcal, 5 g Eiweiß (27E%), 5 g Fett (58E%), 3 g Kohlenhydrate (15E%). Dieser Snack liefert 137 kcal pro 100 g.

Kosten: Ein Kücherl etwa 0,30 Euro.

VEGETARISCH
LÄSST ES SICH LOGI LEBEN!

SEITE 97

4 FÜR

ergibt 20–24 Falafel

Falafel-Teller. 250 g getrocknete Kichererbsen. 1 Zwiebel. 2 Knoblauchzehen. 1 Bund glatte Petersilie. 1 TL Curry. ½ TL Cumin (Kreuzkümmel). 200 g Weißkohl. 150 g Eisbergsalat. 2 Tomaten. ½ Salatgurke. 300 g Naturjoghurt (3,5 % Fett). 1 EL Zitronensaft. 1 EL Olivenöl. 120 ml Frittierfett (Erdnussöl). Nach Geschmack Salz und Pfeffer.

Die getrockneten Kichererbsen für 12 Stunden, besser noch über Nacht in 2 Liter heißem Wasser einweichen. Nach der Quellzeit die Zwiebel abziehen und fein hacken. 1 Knoblauchzehe abziehen und auspressen. Die Petersilie kalt abbrausen, trocken schütteln und die Blättchen abzupfen. Ein paar Blättchen beiseite legen. Zwiebel, Knoblauch und Petersilie in einen hohen Rührbecher geben. Mit Curry und Cumin zu einer glatten Masse pürieren. Die Kichererbsen in ein Sieb gießen und abtropfen lassen. Nach und nach zum Würzpüree geben und mitpürieren. Sollten die Kichererbsen noch zu fest sein, vorher in 1 Liter frischem Wasser 10 Minuten kochen lassen. Den Falafelteig etwa 20 Minuten zugedeckt ruhen lassen. Inzwischen die äußeren Blätter des Weißkohls entfernen, den Kohl vierteln und den Strunk herausschneiden.

Die Kohlviertel grob raspeln. Die Blätter des Eisbergsalats waschen, trocken schütteln oder trocken tupfen und in schmale Streifen schneiden. Die Tomaten waschen, den Stielansatz herausschneiden und das Fruchtfleisch würfeln. Die Gurke schälen und ebenfalls in kleine Würfel schneiden. Die beiseite gelegte Petersilie fein hacken. Den Joghurt in eine Schüssel geben. 1 Knoblauchzehe abziehen, in den Joghurt pressen. Mit dem Zitronensaft, Olivenöl, restlicher Petersilie, Salz und Pfeffer glatt rühren. Das Frittierfett in einer beschichteten Pfanne oder in der Friteuse bei 175° erhitzen. Mit einem Esslöffel jeweils etwas Kichererbsenmasse entnehmen und zwischen zwei Löffeln zu einem flachen Bällchen formen. Die Teigmenge ergibt 20–24 Bällchen. Diese ins heiße Fett geben und die Falafel darin auf beiden Seiten goldbraun braten. Anschließend auf Küchenkrepp legen, damit das überschüssige Frittierfett aufgesaugt wird. Salat und Gemüse auf einem Teller anrichten. Die Falafel darauf verteilen und mit der Joghurtsauce servieren.

1 Portion Falafel-Teller (430 g): ca. 487 kcal, 16 g Eiweiß (14E%), 28 g Fett (52E%), 40 g Kohlenhydrate (34E%). Dieses Hauptgericht liefert 113 kcal pro 100 g.

Kosten: Pro Portion etwa 3,65 Euro.

2 FÜR

Austernschnitzel. **400 g große Austernpilze. 1 Ei. 3 EL helle Sesamsaat. ½ Zwiebel. 1 ½ EL Rapsöl. 1 EL Sahne. 50 ml Vollmilch (3,5 % Fett). 1 TL scharfer Senf. 1 EL Mehl. Nach Geschmack Salz und Pfeffer.**

Die Austernpilze mit einer Pilzbürste oder einem Pinselchen ohne Wasser putzen. Die Hüte vom Stiel entfernen. Das Ei in einem tiefen Teller mit Salz und Pfeffer verquirlen. Den Sesam fein mahlen und auf ein Tellerchen geben. Die Zwiebel abziehen und in Ringe schneiden. In einer Pfanne 1 TL Öl erhitzen. Die Zwiebel darin andünsten. Die Pilzstiele zugeben und unter Rühren 1–2 Minuten mitbraten. Mit Sahne und Milch ablöschen und offen leise köcheln lassen. Mit Senf abschmecken. Die Pilzhüte hauchdünn mit Mehl bestäuben. Zunächst im Ei, dann im Sesam wenden. In einer beschichteten Pfanne 1 EL Öl erhitzen. Die Pilzhüte darin bei mittlerer Hitze knusprig braten. Zusammen mit den Stielen servieren.

Tipp: *Zu diesen Austernschnitzeln passt gut ein Feldsalat. Austernpilze sind übrigens sehr eiweißreich und werden auch Kalbfleischpilze genannt.*

1 Portion Austernschnitzel (468 g): ca. 530 kcal, 17 g Eiweiß (13E%), 44 g Fett (69E%), 16 g Kohlenhydrate (12E%). Dieses Hauptgericht liefert 118 kcal pro 100 g.

Kosten: Pro Portion etwa 4,30 Euro.

2 FÜR

Tofuwürfel im Sesammantel. **200 g Lollo Rosso. 2 EL weißer Balsamessig (Balsamico bianco). 1 TL Senf. 2 TL Honig. Etwas Sahne. 1 EL Walnussöl. 400 g Seidentofu. 1 Ei. 1 Eiweiß. 1 EL Kichererbsenmehl. 2 EL helle Sesamsaat. 1 EL Erdnussöl. Nach Geschmack Salz und Pfeffer.**

Die Blätter vom Lollo Rosso lösen, waschen und trocken schleudern. Verlesen und in mundgerechte Stücke zupfen. In eine Salatschüssel geben und zugedeckt beiseite stellen. Essig, Senf, 1 TL Honig, Sahne, Salz und Pfeffer gut verquirlen. Das Nussöl unterschlagen. Den Tofu abtropfen lassen und in mundgerechte Würfel schneiden. Das Ei mit dem Eiweiß, Honig, Kichererbsenmehl und Sesam gut verrühren. Mit Salz und Pfeffer würzen. Den Tofu eintauchen, sodass er rundum mit Sesam-Ei bedeckt ist. Das Erdnussöl in einer beschichteten Pfanne erhitzen. Den Tofu darin von allen Seiten kross anbraten. Das Dressing unter den Salat heben. Die Tofuwürfel über den Salat streuen und sofort servieren.

1 Portion Tofuwürfel im Sesammantel (394 g): ca. 459 kcal, 31 g Eiweiß (28E%), 33 g Fett (63E%), 10 g Kohlenhydrate (9E%). Dieses Hauptgericht liefert 116 kcal pro 100 g.

Kosten: Pro Portion etwa 2,10 Euro.

2 FÜR **Pastinaken-Pasta.** 2 große Pastinaken. 25 g Rucola. 10 g Pinienkerne. 150 g Cocktailtomaten. 1 ½ EL Olivenöl. 1 EL Sahne. 2 EL Milch. 1 EL Pesto. 20 g Parmesan. Salz und Pfeffer nach Geschmack.

Wasser zum Kochen bringen. Die Pastinaken schälen. Mit einem Gemüseschäler längs in dünne Streifen hobeln – ähnlich wie Bandnudeln. Den Rucola waschen, trocken schütteln und die Blättchen quer halbieren. Die Pinienkerne in einer beschichteten Pfanne ohne Fett rösten bis sie duften. Herausnehmen und beiseite stellen. Die Tomaten waschen, quer halbieren. In der Pfanne 1 TL Öl erhitzen und die Tomaten darin 5 Minuten schmoren. Inzwischen das kochende Wasser salzen und die Pastinakenstreifen darin 3 Minuten kochen. In ein Sieb gießen und kalt abschrecken. Gut abtropfen lassen. 1 EL Öl in einer großen beschichteten Pfanne erhitzen. Die Pastinakenstreifen unter Rühren darin anbraten. Sahne und Pinienkerne hinzufügen und 1–2 Minuten unter Rühren mitschmoren. Die Pastinaken-Pasta von der heißen Platte nehmen. Pesto, Rucola und die Schmortomaten unterheben. Mit Salz und Pfeffer würzen. Mit gehobeltem Parmesan bestreut servieren.

TIPP *Alternativ zu den Pastinaken können Sie die »Pasta« auch aus 400 g Petersilienwurzeln zubereiten. Statt Sahne tut es auch ein Klecks Crème fraîche.*

KOHLEN HYDRATE SPAREN *Pastinaken oder Petersilienwurzeln anstelle von Bandnudeln, das schmeckt auch in diesem Fall. Verständlich, dass das einen beträchtlichen Kohlenhydrat-Spareffekt bedeutet. Durch den Austausch von Hartweizen-Pasta gegen Pastinaken-Pasta sinkt der Kohlenhydratanteil pro Portion von 55 Gramm auf 27 Gramm! Pastinaken liefern somit circa 50 Prozent weniger Kohlenhydrate. Auch beim Energiegehalt ist der Austausch deutlich spürbar: Einsparung von 221 Kilokalorien pro Portion.*

1 Portion Pastinaken-Pasta (332 g): ca. 370 kcal, 9 g Eiweiß (10E%), 21 g Fett (66E%), 35 g Kohlenhydrate (24E%). Dieses leichte Hauptgericht liefert 111 kcal pro 100 g.

Kosten: Pro Portion etwa 1,50 Euro.

SEITE 101

Hannah Luedtke aus Lüneburg achtet auf einen gesunden Lebensstil. »Ich mache regelmäßig Sport, achte darauf, ausreichend Freizeit zu haben, zu entspannen und gesund zu essen – eben nach LOGI.«

FÜR 2

Topinambur-Rösti. 250 g Topinambur (geschält gewogen). 30 g geriebener Parmesan. 3 EL Kichererbsenmehl. 2 Eier. 2 EL Rapsöl. Nach Geschmack Salz und Pfeffer.

Den Topinambur schälen, waschen und fein raspeln. Mit Salz und Pfeffer kräftig würzen. Den geriebenen Parmesan, das Kichererbsenmehl und die Eier untermengen. Aus der Topinamburmasse 4 Röstis formen. 1 EL Öl in einer beschichteten Pfanne erhitzen und 2 Rösti in die Pfanne geben. Die Temperatur reduzieren und die Röstis gleichmäßig hellbraun braten. Mit der übrigen Topinamburmasse genauso verfahren.

TIPP *Die Rösti schmecken gut mit Apfelmus oder als Beilage zu Fleischgerichten.*

KOHLEN HYDRATE SPAREN *Topinambur statt Kartoffeln bedeutet hier einen Kohlenhydrat-Spareffekt von 67 Prozent Kohlenhydrate und 165 Kilokalorien pro Portion, verglichen mit einer Portion Kartoffelrösti.*

1 Portion Topinambur-Rösti (228 g): ca. 353 kcal, 18 g Eiweiß (22E%), 25 g Fett (63E%), 13 g Kohlenhydrate (15E%). Diese Beilage liefert 155 kcal pro 100 g.

Kosten: Pro Portion etwa 1,40 Euro.

VEGETARISCH LÄSST ES SICH LOGI LEBEN!

LOGI ist eine gemüsige Angelegenheit! Gemüse oder Salat gehört einfach zu einer LOGIschen Hauptmahlzeit.

Gemüse ist wasserreich und liefert damit wenig Energie, aber viel Nahrungsvolumen. Man kann sich an Gemüse satt essen, ohne Angst zu haben, übermäßig viel Energie aufzunehmen.

Gemüse ist ein wichtiger Ballaststofflieferant. Damit verbucht Gemüse ein zusätzliches Plus für seinen Sättigungseffekt. Obendrein ist Gemüse gut für die Verdauung.

Gemüse bietet eine hohe Nährstoffdichte, ist abwechslungsreich und kohlenhydratarm.

Mehr über Gemüse und die richtige Lagerung.

Nicht jedem Gemüse tun Sie einen Gefallen, wenn Sie es im Kühlschrank aufbewahren. Tomaten und Gurken werden dadurch ganz wässrig und verlieren an Geschmack. Aber auch Zucchini, Auberginen, Paprika oder Kürbis mögen es lieber etwas wärmer – bei Zimmertemperatur. Etwas kühler, am besten im Gemüsefach des Kühlschranks, mögen es Blattsalate, Blumenkohl, Broccoli, Kohl, Radieschen, Rote Rüben, Sellerie, Spargel, frischer Spinat und Möhren.

Profitipps für die Aufbewahrung:

Blattsalate in etwas feuchtes Zeitungspapier einwickeln. Der Salat trocknet dann nicht so schnell aus und bleibt im Gemüsefach länger frisch.

Möhren, Kohlrabi und Radieschen ohne Grün lagern. Sie werden dadurch nicht so schnell runzelig.

Gemüse nicht in Plastiktüten aufbewahren. Es kommt darin zu vermehrter Feuchtigkeitsbildung, was wiederum den Fäulnisprozess fördert.

Reifes Gemüse mag kein Licht! Darum ist es wichtig, alle Gemüsesorten dunkel zu lagern!

2 FÜR

Francas LOGI-Taboulé. 250 g Blumenkohl. 1 Möhre. ½ gelbe Paprikaschote. 100 g Salatgurke. 2 Strauchtomaten. 6–8 Minzeblättchen. ½ Bund glatte Petersilie. 2 Knoblauchzehen. 75 g Fetakäse. 3 EL Zitronensaft. 2 EL Olivenöl. 2 Chicorées. Nach Geschmack Salz und Pfeffer.

Den Blumenkohl putzen, waschen und fein raspeln. Die Blumenkohlraspel in ein Sieb geben und leicht salzen. Über einer Schüssel oder einem Topf hängend 30 Minuten durchziehen lassen. Auf diese Weise gelingt es, das Wasser aus dem geraspelten Blumenkohl zu ziehen. In der Zwischenzeit die Möhre und die Paprika putzen, waschen und jeweils fein würfeln. Die Gurke schälen, die Tomaten waschen. Jeweils mit einem Löffelchen die Kerne herauskratzen und in sehr kleine Würfel schneiden. Minze und Petersilie kurz abbrausen, trocken schütteln und fein hacken. Den Blumenkohl in ein angefeuchtetes Küchentuch geben und die restliche Flüssigkeit auspressen. Blumenkohl, Möhre, Paprika, Gurke, Tomate und die Kräuter in einer Salatschüssel mischen. Den Knoblauch abziehen und über den Salat pressen. Den Feta fein zerbröckeln und auf den Salat streuen. Alles locker vermengen. Für das Dressing 1 Prise Salz unter Rühren im Zitronensaft lösen. Das Öl zugeben und kräftig unterschlagen. Das Dressing erst unmittelbar vor dem Servieren über den Salat gießen. Mit Salz und Pfeffer abschmecken. Die Chicoréeblätter kalt abbrausen und als »Löffel« dazu servieren.

TIPP • TIPP • TIPP

Taboulé ist ein traditioneller Salat aus dem Libanon. Neben klein geschnittenem Gemüse besteht der Originalsalat zum größten Teil aus Bulgur. Hierzulande wird auch Couscous verwendet. Natürlich nicht bei unserer LOGI-Version.

Sie lieben das intensive Aroma der Kräuter? Dann lassen Sie das Taboulé vor dem Salzen noch eine Stunde durchziehen.

KOHLENHYDRATE SPAREN

Statt Bulgur oder Couscous bilden in diesem Rezept Blumenkohlraspel die Basis des Taboulés. Und gegessen wird mit Chicorée-Blättern statt mit Brot, wie in Vorderasien üblich. Daraus resultiert ein erfreulicher Kohlenhydrat-Spareffekt von 75 Prozent Kohlenhydrate pro Portion.

1 Portion Francas LOGI-Taboulé (430 g): ca. 303 kcal, 14 g Eiweiß (19E%), 21 g Fett (60E%), 16 g Kohlenhydrate (21E%). Dieser Salat liefert nur 60 kcal pro 100 g.

Kosten: Pro Portion etwa 1,90 Euro.

VEGETARISCH LÄSST ES SICH LOGI LEBEN!

SEITE 105

2 FÜR

Möhrentagliatelle mit Garnelen. 75 g TK-Erbsen. 500 g Möhren. 200 g Garnelen oder Shrimps. 20 g Pinienkerne. 1 Msp. Sambal Oelek. 1 TL Rapsöl. 2 TL Olivenöl. 1 EL asiatische Chilisauce süß-scharf. 2 TL rosa Pfefferbeeren. Nach Geschmack Salz und Pfeffer.

Die Erbsen auftauen lassen. In einem mittelgroßen Topf Wasser zum Kochen bringen. Die Möhren putzen, waschen und mit einem Gemüseschäler in dünne Streifen – ähnlich Bandnudeln – hobeln. Das Wasser salzen und die Möhrenstreifen darin 2 Minuten blanchieren. Mit kaltem Wasser abschrecken und in einem Sieb abtropfen lassen. Die Garnelen unter kaltem Wasser abbrausen und trocken tupfen. Die Pinienkerne in einer beschichteten Pfanne ohne Fett rösten bis sie duften. Beiseite stellen. Die Garnelen salzen und mit ganz wenig Sambal Oelek bestreichen. In einer großen beschichteten Pfanne 1 TL Rapsöl erhitzen. Die Garnelen darin von beiden Seiten anbraten. Herausnehmen und beiseite stellen. In der gleichen Pfanne 2 TL Olivenöl erhitzen. Die Möhrenstreifen darin unter Rühren 1 Minute scharf anbraten. Mit Chilisauce, Salz und Pfeffer abschmecken. Die Garnelen, die Pinienkerne, die aufgetauten Erbsen sowie die rosa Pfefferbeeren dazugeben und unter Rühren noch 2–3 Minuten garen.

KOHLEN HYDRATE SPAREN

Da statt normaler, stärkereicher Bandnudeln (Tagliatelle) Möhrenstreifen verwendet werden, sinkt der Kohlenhydratanteil des Gerichts enorm. Das macht pro Portion einen Kohlenhydrat-Spareffekt von 80 Prozent Kohlenhydraten und 250 Kilokalorien im Vergleich zum Gericht mit Bandnudeln aus! Generell können LOGI-Fans, die auf Nudelgerichte nicht ganz verzichten möchten, einen großen Teil oder die gesamte Nudelmenge durch Möhrentagliatelle ersetzen.

1 Portion Möhrentagliatelle mit Garnelen (414 g): ca. 330 kcal, 29 g Eiweiß (36E%), 17 g Fett (45E%), 15 g Kohlenhydrate (19E%). Dieses Hauptgericht liefert nur 80 kcal pro 100 g.

Kosten: Pro Portion etwa 2,15 Euro.

FISCH & CO.
FLOSSEN HOCH MIT LOGI!

SEITE 107

Dieses Rezept wurde von einer jungen LOGI-Userin aus Belgien eingereicht.

FÜR 2

Tuna-Frikadellen auf Paprikagemüse. Je 1 rote, gelbe und grüne Paprikaschote (etwa 500 g). 1 kleine Chilischote. 2 Zwiebeln. 2 Knoblauchzehen. 1 Dose Thunfisch im eigenen Saft (185 g). 2 Eier. 3 EL frisch geriebener Parmesan. 2 EL Frischkäse (Doppelrahmstufe). 1 TL Kräuter der Provence. 1 EL Tomatenmark. 2 EL Rapsöl. 2 EL Olivenöl. Etwas Petersilie zum Garnieren. Nach Geschmack Salz und Pfeffer.

Die Paprikaschoten putzen, waschen und in etwa 2 cm große Rauten schneiden. Die Chili waschen, längs aufschneiden, die Kerne herausschaben und in Streifen schneiden (mit Handschuhen arbeiten, siehe Seite 44). Zwiebeln und Knoblauchzehen abziehen und fein hacken. Den Thunfisch auf ein sauberes Geschirrtuch geben und die Flüssigkeit gut ausdrücken. Thunfisch, die Hälfte der Zwiebeln, Eier, Parmesan, Frischkäse, Kräuter der Provence, Tomatenmark, Salz und Pfeffer in einer Schüssel gut miteinander verkneten. 2 EL Rapsöl in einer beschichteten Pfanne erhitzen. Die Hände anfeuchten und aus der Thunfischmasse 6 kleine Frikadellen formen, in die Pfanne setzen und etwas flachdrücken. Von jeder Seite jeweils 4–5 Minuten braten. Währenddessen 2 EL Olivenöl in einer beschichteten Pfanne erhitzen. Die restlichen Zwiebeln und den Knoblauch darin glasig dünsten. Paprika und Chili darin 2 Minuten anbraten. Dann bei geringer Hitzezufuhr in der geschlossenen Pfanne noch 3–5 Minuten schmoren lassen. Das Paprikagemüse sollte noch etwas Biss haben. Die Frikadellen auf dem Paprikagemüse servieren und mit Petersilie bestreut servieren.

TIPP

Statt Thunfisch können Sie auch die gleiche Menge Räucherlachs verwenden. Etwas würziger schmecken die Frikadellen, wenn Sie anstelle von Frischkäse Fetakäse unterkneten.

1 Portion Tuna-Frikadellen auf Paprikagemüse (593 g): ca. 615 kcal, 33 g Eiweiß (22E%), 49 g Fett (71E%), 11 g Kohlenhydrate (7E%). Dieses Hauptgericht liefert 125 kcal pro 100 g.

Kosten: Pro Portion etwa 1,45 Euro.

Dieses Rezept wurde von der LOGI-Trainerin Maren Reed aus Pinneberg eingereicht: »Nicht nur für Klienten, sondern auch für mich als berufstätige Mutter müssen Rezepte schnell, unkompliziert und gesund sein.«

FÜR 2

Überbackener Seelachs. 250 g Blattspinat (frisch oder TK). 1 Prise geriebene Muskatnuss. 400 g Seelachsfilet. Etwas Zitronensaft. 300 g Zucchini. 10 g Butter zum Einfetten. 200 g Sahne. 100 g geriebener Mozzarella. Nach Geschmack Salz, Kräutersalz und Pfeffer.

Den Backofen auf 210° (Umluft 190°) vorheizen. Den Spinat auftauen lassen beziehungsweise waschen, verlesen und gut trocken schleudern. Mit Salz, Pfeffer und Muskatnuss kräftig würzen. Den Seelachs kalt abbrausen, trocken tupfen, beidseitig mit Zitronensaft beträufeln. Mit Kräutersalz und Pfeffer würzen. Die Zucchini waschen, in dünne Scheiben schneiden. In einem kleinen Topf mit wenig Wasser und etwas Kräutersalz dünsten. Inzwischen eine Auflaufform dünn mit Butter einfetten. Zucchini und Spinat hineingeben und den Seelachs obenauf legen. Die Sahne kräftig mit Kräutersalz und Pfeffer würzen. Mit dem Mozzarella verrühren und die Käse-Sahne über Fisch und Gemüse gießen. Im Backofen (Mitte) 15–20 Minuten garen.

TIPP *Zusätzlich noch Möhrenraspel einschichten, das sorgt für einen optischen Tupfer.*

1 Portion Überbackener Seelachs (ca. 683 g): ca. 585 kcal, 60 g Eiweiß (42E%), 33 g Fett (52E%), 11 g Kohlenhydrate (6E%). Dieses Hauptgericht liefert nur 86 kcal pro 100 g.

Kosten: Pro Portion etwa 3,05 Euro.

2 FÜR

Pangasiusfilet im Parmesanmantel. 2 Chicorées. 2 Orangen. 1–2 EL heller Balsamessig (Balsamico bianco). 1 EL Milch. 1 EL Orangensaft. 1 TL Honig. 1 EL Haselnussöl (oder Walnussöl). 2 Pangasiusfilets à 150 g. Etwas Zitronensaft. 40 g Parmesan (nicht zu weich). 25 g gemahlene Mandeln. 1 Eiweiß. 20 g Weizenmehl. 1 ½ EL Erdnussöl. Etwas Balsamicocreme. Salz.

Den Strunk der Chicorées abschneiden, die Blätter voneinander lösen und waschen. In feine Streifen schneiden. Die Orangen schälen und filetieren. Mit dem Chicorée in einer Schüssel mischen. Essig, Milch, Saft, Honig und etwas Salz gut verrühren. Mit dem Nussöl zu einem cremigen Dressing verschlagen. Unter den Salat heben und mit einem Teller abdecken. Den Fisch kalt abbrausen, trocken tupfen, mit etwas Zitronensaft säuern und auf beiden Seiten leicht salzen. Den Parmesan fein reiben. Auf einem flachen Teller mit den gemahlenen Mandeln mischen. Das Ei in einem tiefen Teller verquirlen. Die Fischfilets dünn mit Mehl bestäuben, beide Seiten zunächst im Ei, dann in der Parmesan-Mischung wenden. Das Erdnussöl in einer Pfanne erhitzen. Die Pangasiusfilets darin bei mittlerer Hitze auf beiden Seiten goldbraun braten. Den Salat mit etwas Balsamicocreme verfeinern und zum Fisch servieren.

1 Portion Pangasiusfilet im Parmesanmantel (450 g): ca. 555 kcal, 47 g Eiweiß (35E%), 29 g Fett (45E%), 26 g Kohlenhydrate (20E%). Dieses Hauptgericht liefert 124 kcal pro 100 g.

Kosten: Pro Portion etwa 5,10 Euro.

2 FÜR

Zanderfilet mit Fenchel-Radicchio-Sauce. 150 g Radicchio. 400 g Fenchel. 2 Zanderfilets ohne Haut à 150 g. Etwas Zitronensaft. 1 EL Olivenöl. 2 EL Pinienkerne. 150 ml klare Brühe. 4 TL Mehl. 2 TL Wasser.1 EL Rapsöl. Salz.

Vom Radicchio den Strunk abschneiden, die äußeren Blätter entfernen, die übrigen lösen und waschen. Trocken schleudern und in mundgerechte Stücke schneiden. Den Fenchel putzen, waschen, die Stängel abschneiden, längs halbieren und die Fenchelhälften in feine Streifen schneiden. Den Zander unter kaltem Wasser abbrausen, trocken tupfen, beidseitig mit Zitronensaft beträufeln, leicht salzen. In einer beschichteten Pfanne das Olivenöl erhitzen. Fenchel und Pinienkerne darin unter Rühren 3 Minuten anbraten. Die Brühe angießen und den Fenchel in 5 Minuten bissfest garen. 2 TL Mehl mit Wasser vermischen, in den Gemüsesud gießen und das Gemüse aufkochen lassen. ½ Minute kochen lassen, dann von der heißen Platte ziehen. Den Radicchio unter das Fenchelgemüse heben. Das Rapsöl in einer zweiten beschichteten Pfanne erhitzen. Die Fischfilets auf beiden Seiten hauchdünn mit Mehl bestäuben. Auf jeder Seite in 1–2 Minuten goldbraun braten. Das Fenchel-Radicchio-Gemüse auf 2 Tellern anrichten, je ein Zanderfilet obenauf legen und servieren.

1 Portion Zanderfilet mit Fenchel-Radicchio-Sauce (512 g): ca. 435 kcal, 42 g Eiweiß (40E%), 23 g Fett (46E%), 15 g Kohlenhydrate (14E%). Dieses Hauptgericht liefert nur 85 kcal pro 100 g.

Kosten: Pro Portion etwa 2,40 Euro.

2 FÜR

Chilischolle mit Foliengemüse. 1 rote Paprikaschote. 1 Zucchino. 1 kleine Aubergine. 4 EL Olivenöl. 1 TL getrockneter Oregano. 1 rote Chilischote. ½ Bund glatte Petersilie. 1 Knoblauchzehe. 1 Msp. Sambal Oelek. 3 EL Limettensaft. 400 g Schollenfilets. Nach Geschmack Salz und Pfeffer. Alufolie.

Den Backofen auf 180° (Umluft 160°) vorheizen. Paprika, Zucchino und Aubergine putzen, waschen und in mundgerechte Würfel schneiden. Das Gemüse mischen und auf ein sehr großes Stück Alufolie legen. Mit 1 EL Öl beträufeln, mit Oregano, Salz und Pfeffer würzen. Die Alufolie über das Gemüse schlagen und mehrfach einschlagen, sodass ein geschlossenes Päckchen entsteht. Im vorgeheizten Ofen (Mitte) 10–12 Minuten garen. Inzwischen die Chili waschen und in feine Ringe schneiden (mit Handschuhen arbeiten, siehe Seite 44). Die Petersilie waschen, trocken schütteln und fein hacken. Den Knoblauch abziehen, fein würfeln. Chili, Petersilie, Knoblauch, 2 EL Öl, 1 Messerspitze Sambal Oelek und 2 EL Limettensaft gut verrühren. Das Fischfilet kalt abbrausen, trocken tupfen, beidseitig mit Limettensaft beträufeln und ganz leicht salzen. Mit der Chilimarinade übergießen und 5 Minuten durchziehen lassen. In einer beschichteten Pfanne 1 EL Öl erhitzen. Die Scholle darin auf beiden Seiten in je 2–3 Minuten goldbraun braten. Mit dem Foliengemüse servieren.

1 Portion Chilischolle mit Foliengemüse (526 g): ca. 420 kcal, 41 g Eiweiß (40E%), 23 g Fett (48E%), 13 g Kohlenhydrate (12E%). Dieses Hauptgericht liefert nur 80 kcal pro 100 g.

Kosten: Pro Portion etwa 4,00 Euro.

Fisch ist ernährungsphysiologisch ein sehr hochwertiges Lebensmittel. Er ist sehr leicht verdaulich, liefert viele Nährstoffe und gehört zu den Super-Sattmachern. Fisch ist eine wichtige natürliche Jodquelle. Seefische weisen im Gegensatz zu Süßwasserfischen einen deutlich höheren Jodgehalt auf. Man unterscheidet zwischen Süßwasser- und Meerwasserfischen. Zu den beliebtesten Meerwasserfischen zählen Dorsch, Heilbutt, Hering, Makrele, Seeteufel, Rotbarsch, Kabeljau, Seelachs, Scholle, Steinbutt und Wolfsbarsch. Die beliebtesten Süßwasserfische sind Barsch, Brasse, Forelle, Karpfen, Lachs, Wels und Zander. Eine weitere Unterscheidung lässt sich anhand des Fettgehaltes vornehmen. Magere Fische haben einen Fettgehalt von weniger als einem Prozent. Dazu zählen Zander, Seelachs, Schellfisch, Hecht und Kabeljau. Fettfische liefern über zehn Prozent Fett auf 100 Gramm. Dazu gehören Makrele, Thunfisch und auch der Lachs. Fettfische zeichnen sich durch ihren hohen Gehalt an Omega-3-Fettsäuren aus.

Die modernen Exoten.

Pangasius ist ein Süßwasserfisch, der in Vietnam beheimatet ist. Sein Fleisch ist hell und ganz mild. Er besitzt so gut wie keine Gräten und eignet sich zum Braten und Dünsten.

Tilapia gehört zu den Buntbarschen und kommt aus Afrika. Sein Fleisch ist weich und »süß« und eignet sich vor allem für asiatisch-exotische Speisen.

Fischkauf – die wichtigsten Tipps.

- Die Kiemen sollen hellrot sein und fest anliegen.
- Die Schuppen müssen fest am Fisch anliegen.
- Die Augen sollen glänzend und prall sein.
- Die Schleimhaut soll glatt und nicht schmierig sein.
- Der Fisch sollte nach Meer duften und keinen typisch fischigen Geruch aufweisen!

AUS DEM FORUM • AUS DEM FORUM • AUS DEM

Dieses Rezept hat Christine Nöldeke aus Hamburg beigesteuert. Sie hat es LOGI zu verdanken, dass ihr Zuckerstoffwechsel wieder im Gleichgewicht ist: »Ich konnte ohne Traubenzucker das Haus nicht verlassen! Die LOGI-Methode habe ich durch Heike Lemberger und Franca Mangiameli kennengelernt. Ich bin schlank, möchte nicht abnehmen, habe aber ein kleines Stoffwechselproblem. Ich produziere zu viel Insulin und bin deshalb oft plötzlich unterzuckert. Deswegen hatte ich immer und überall Traubenzucker und Fruchtriegel dabei. Heike gab mir den Tipp, gekochte Eier, Buttermilch, Nüsse sowie Kokosflocken mitzunehmen und anstelle meiner Nudelgerichte mehr Gemüse, Fisch und Fleisch zu essen. Durch diese LOGIsche Umstellung habe ich mein Problem sehr gut in den Griff bekommen und bin dadurch deutlich leistungsfähiger – und meinen Not-Traubenzucker kann ich jetzt auch zu Hause lassen!«

FÜR 2

Zucchinischiffchen mit Krabben. 4 kleine Zucchini (etwa 500 g). 150 g Frischkäse (Vollfettstufe). 150 ml Vollmilch (3,5 % Fett). 200 g Krabben. 1 Bund Dill. 10 g Butter. 100 g Sahne. 2 Eier. 20 g Parmesan. Nach Geschmack Salz und Pfeffer.

Den Backofen auf 200° (Umluft 180°) vorheizen. In einem breiten Topf Wasser zum Kochen bringen. Die Zucchini putzen, waschen und längs halbieren. Die Kerne mit einem Teelöffel herausschaben. Das Wasser salzen und die so entstandenen Schiffchen darin 1 Minute blanchieren. Anschließend in einem Sieb gut abtropfen lassen. Den Dill waschen, trocken schütteln und fein hacken. Den Frischkäse mit der Milch glatt rühren. Krabben und Dill unterrühren, mit Salz und Pfeffer abschmecken. Die Käsecreme gleichmäßig in die ausgehöhlten Zucchini füllen. Eine Auflaufform mit Butter einfetten, die Zucchinischiffchen hineinlegen. Sahne und Eier verquirlen. Den Parmesan hineinreiben und unterrühren. Über die Zucchini gießen. Im vorgeheizten Ofen (Mitte) 45 Minuten backen.

TIPP

Anstelle der Krabben können auch Flusskrebsschwänze oder geräucherter Lachs verwendet werden. Wer die Zucchini lieber etwas bissfester mag, kann das Gemüse auch ohne Vorkochen roh in die Auflaufform legen.

1 Portion Zucchinischiffchen mit Krabben (638 g): ca. 625 kcal, 48 g Eiweiß (31E%), 42 g Fett (60E%), 13 g Kohlenhydrate (9E%). Dieses Hauptgericht liefert nur 98 kcal pro 100 g.

Kosten: Pro Portion etwa 2,70 Euro.

FISCH & CO.
FLOSSEN HOCH MIT LOGI!

Dies ist eines von vier Rezepten, das von Eva Herkner aus Wien eingereicht wurde. Als passionierte LOGI-Köchin kreiert sie regelmäßig neue leckere Rezepte, die sie anderen LOGI-Begeisterten im Forum zur Verfügung stellt.

FÜR 2

Knusperfisch mit Pfirsichsauce. 3 Pfirsiche. 1 EL geriebener Ingwer. 1 EL Himbeer- oder Weißweinessig. 2 Kabeljaufilets à 150 g. Etwas Zitronensaft. 1 Eiweiß. 80 g helle Sesamsaat. 1 EL Rapsöl. Nach Geschmack Salz und Pfeffer.

2 Pfirsiche kreuzweise einritzen, in einer kleinen Schale mit kochend heißem Wasser überbrühen und 5 Minuten darin liegen lassen. Inzwischen den Ingwer schälen und fein reiben. Die Pfirsiche mit einem Löffel herausheben, abtropfen lassen, häuten, halbieren, entsteinen und in kleine Würfel schneiden. Pfirsichwürfel und Ingwer mit dem Essig in einem kleinen Topf zum Kochen bringen und ohne Deckel etwa 25 Minuten leise köcheln lassen. Die Kabeljaufilets kalt abbrausen, trocken tupfen und mit dem Zitronensaft beträufeln. Die Filets jeweils in drei gleichmäßige Stücke schneiden. Das Eiweiß steif schlagen. Auf ein Tellerchen geben und die Filetstücke durch das Eiweiß ziehen. Anschießend im Sesam wenden. Das Öl in einer beschichteten Pfanne erhitzen. Den panierten Fisch darin bei mittlerer Hitze auf beiden Seiten 2 Minuten anbraten. Dann in weiteren 3–5 Minuten bei schwacher Hitze gar ziehen lassen. Inzwischen die Pfirsichsauce mit etwas Salz und Pfeffer würzen. Den dritten Pfirsich waschen, halbieren, den Kern entfernen und das Fruchtfleisch in dünne Scheiben schneiden. Den Teller damit verzieren. Den Knusperfisch auf dem Teller anrichten und mit der Pfirsichsauce servieren.

1 Portion Knusperfisch mit Pfirsichsauce (469 g): ca. 518 kcal, 41 g Eiweiß (32E%), 28 g Fett (49E%), 25 g Kohlenhydrate (19E%). Dieses Hauptgericht liefert 110 kcal pro 100 g.

Kosten: Pro Portion etwa 2,10 Euro.

FÜR 2

Heilbuttspieße auf Avocadobett. 175 g Mango (geschält gewogen). ½ rote Paprikaschote. 1 Limette. ½ TL geriebener Ingwer. 1 EL süß-scharfe Chilisauce. 1 TL scharfe Chilisauce. 3 TL geröstetes Sesamöl. 1 TL rosa Pfefferbeeren. 250 g Heilbuttfilet. 1 TL Zitronensaft. 1 EL Mehl. 1 Scheibe frische Ananas (oder ungezuckerte aus der Dose). ½ gelbe Paprikaschote. 1 EL Erdnussöl. 175 g Avocado (reines Fruchtfleisch). 1 Zweig frischer Koriander zum Garnieren. Salz. 2 Schaschlikspieße.

Die Schaschlikspieße in einem hohen Glas wässern. Die Mango schälen, scheibenweise vom Kern schneiden und das Fruchtfleisch in Stifte schneiden. Die rote Paprika putzen, waschen, in Streifen schneiden und diese quer halbieren. Mango und Paprika in einer Schüssel mischen. Den Saft der Limette auspressen und mit dem geriebenen Ingwer und den Chilisaucen verquirlen. Mit Salz abschmecken. 2 TL Sesamöl unterschlagen. Die rosa Pfefferbeeren einrühren. Durchziehen lassen. Den Fisch kalt abbrausen, beidseitig mit Zitronensaft beträufeln, leicht salzen und in mundgerechte Würfel schneiden. Diese rundum hauchdünn mit Mehl bestäuben. Die Ananas in 8 Rauten schneiden. Die gelbe Paprika in etwa daumenbreite Rauten schneiden. Abwechselnd Heilbuttwürfel, Ananas und Paprika auf die Spieße stecken. Das Erdnussöl in einer beschichteten Pfanne erhitzen. Die Spieße darin in 3 Minuten rundum anbraten, bei schwacher Hitze noch 1–2 Minuten pro Seite nachgaren. Die Avocado halbieren, den Kern entfernen und die Haut vom Fruchtfleisch abschälen. Die Avocado quer in dünne Scheiben schneiden. Fächerförmig auf 2 Tellern anrichten, mit Zitronensaft beträufeln, ganz leicht salzen und mit insgesamt 1 TL geröstetem Sesamöl beträufeln. Den Mango-Paprika-Salat auf dem Avocadobett anrichten und die Heilbuttspieße darauf legen. Mit frischem Koriander garnieren.

1 Portion Heilbuttspieße auf Avocadobett (454 g): ca. 585 kcal, 31 g Eiweiß (22E%), 39 g Fett (58E%), 29 g Kohlenhydrate (20E%). Dieses Hauptgericht liefert 129 kcal pro 100 g.

Kosten: Pro Portion etwa 4,00 Euro.

SEITE 117

2 FÜR **Maki-Sushi.** 1 Blumenkohl. 1 EL Reiswein. 2 EL Reisessig. 100 g Sashimi oder geräucherter Lachs. 50 g Avocado. 2 EL Frischkäse (Fettstufe). 5 Nori-Algenblätter. 1 TL Wasabipaste aus der Tube. 50 g eingelegter Ingwer. Sojasauce nach Geschmack. 1 Bambusmatte.

Den Blumenkohl putzen, in Röschen teilen. Diese kurz kalt abbrausen und abtropfen lassen. Anschließend sehr fein raspeln. Die Blumenkohlraspel in einem Topf mit 1 EL Reiswein, 2 EL Reisessig und etwas Salz gut mischen, erhitzen und maximal 3 Minuten dünsten. In ein engmaschiges Sieb geben und erkalten lassen. Sashimi inzwischen in 10 Streifen schneiden. Die Avocado halbieren, den Kern entfernen und die Haut vom Fruchtfleisch abschälen. Quer in dünne Scheiben schneiden. Die erkalteten Blumenkohlraspel im Sieb oder mit den Händen ausdrücken, bis keine Flüssigkeit mehr austritt. In eine Schüssel geben und gleichmäßig mit dem Frischkäse vermengen. 1 Noriblatt mit der glatten Seite auf eine Bambusmatte legen. Hauchdünn mit der sehr scharfen Wasabipaste bestreichen. Oben und unten jeweils einen 1 cm breiten Streifen mit Wasser benetzen. 2 EL Blumenkohl-Frischkäse auf der unteren Hälfte des Noriblatts gleichmäßig verstreichen. Dabei muss der befeuchtete Streifen frei bleiben. Längs jeweils 2 Sashimi und Avocadostreifen darauf legen. Das Noriblatt mithilfe der Bambusmatte von der bestrichenen Seite her aufrollen. Mit den übrigen 4 Algenblättern genauso verfahren. Die Maki-Sushi mit einem sehr scharfen Messer in 6 Sushi gleicher Größe schneiden. Die Sushi mit Wasabipaste, eingelegtem Ingwer und Sojasauce servieren.

Tipp *Damit die Rolle schön fest und rund wird muss man die Masse beim Zusammenrollen fest zusammenpressen. Statt mit Fisch wie Sashimi oder Räucherlachs können Sie die Sushi auch mit Paprika- oder Gurkenstreifen füllen.*

KOHLEN HYDRATE SPAREN *Statt mit Reis werden diese Maki-Sushi mit geraspeltem Blumenkohl gefüllt. Dadurch sind sie prima für die LOGI-Ernährung geeignet. Der Kohlenhydrat-Spareffekt: Die gleiche Menge Sushi mit Reis liefert im Vergleich zu diesen LOGIschen Sushi fünfmal so viele Kohlenhydrate, nämlich 20 Gramm statt nur vier Gramm!*

6 Maki-Sushi (190 g): ca. 169 kcal, 13 g Eiweiß (32E%), 11 g Fett (58E%), 4 g Kohlenhydrate (10E%). Diese Vorspeise liefert nur 89 kcal pro 100 g.

Kosten: 6 Sushi etwa 3,50 Euro.

SEITE 119

Timothy Touchton aus München freut sich, als begeisterter LOGI-Koch jetzt abends anstelle des typisch deutschen Abendbrotes leckere Fleisch- und Fischgerichte genießen zu können. Und das ohne schlechtes Gewissen.

FÜR 2 **Lachscarpaccio.** 300 g Lachsfilet. 150 g Rucola. ½ grüne Chilischote. ½ rote Chilischote. 1 Tomate. 1 EL frische Petersilie. 1 Limette. 1 TL Zucker. 1 EL Olivenöl. 1 EL frisch geriebener Parmesan. Nach Geschmack Meersalz und frisch gemahlener Pfeffer. Frischhaltefolie.

Den Lachs in Frischhaltefolie wickeln und für 20 Minuten ins Gefrierfach legen. Den Rucola waschen, trocken schleudern, verlesen und auf einem großen flachen Teller gleichmäßig verteilen. Die Chilis waschen und in sehr feine Ringe schneiden (mit Handschuhen arbeiten, siehe Seite 44). Die Tomate waschen, eventuell die Kernchen entfernen, und fein würfeln. Die Petersilie waschen, trocken schütteln und fein hacken. Den Saft der Limette auspressen. Den Zucker unter Rühren darin auflösen. Petersilie und Öl unterrühren. Den Lachs mit einem sehr scharfen Messer in hauchdünne Scheiben schneiden. Leicht überlappend, kreisförmig auf dem Rucola-Salat anrichten. Mit Chili und Tomatenwürfeln bestreuen und mit dem Dressing beträufeln. Mit Pfeffer würzen und mit Parmesan bestreut sofort servieren.

1 Portion Lachscarpaccio (316 g): ca. 310 kcal, 31 g Eiweiß (41E%), 18 g Fett (52E%), 5 g Kohlenhydrate (7E%). Diese Vorspeise liefert 106 kcal pro 100 g.

Kosten: Pro Portion etwa 3,80 Euro.

2 FÜR

Fischsalat Niçoise. 200 g frische grüne Bohnen. 2–3 Zweige Bohnenkraut. 10 Cocktailtomaten. 1 grüne Paprikaschote. 20 g Romana-Salat. 1 EL Olivenöl. Je 5 grüne und schwarze Oliven ohne Stein. 200 g passierte Tomaten. 2 hart gekochte Eier. 300 g Seelachsfilet. ½ Zitrone. 1 EL Mehl. 1 EL Rapsöl. 1 TL Kapern (aus dem Glas). Nach Geschmack Salz und Pfeffer.

Die Bohnen putzen. In kochendem Salzwasser mit dem Bohnenkraut in 8–12 Minuten nicht zu weich garen. In ein Sieb gießen und in Eiswasser abschrecken. Die Cocktailtomaten waschen und halbieren. Die Paprika putzen, waschen und in fingerbreite Streifen schneiden. Den Romana-Salat waschen und trocken tupfen. Das Olivenöl in einer beschichteten Pfanne erhitzen. Cocktailtomaten, Paprika und alle Oliven darin bei mittlerer Hitze 3 Minuten unter Rühren braten. Die passierten Tomaten und die Bohnen hinzufügen und das Gemüse 5 Minuten zugedeckt leise köcheln lassen. Währenddessen die Eier längs vierteln. Das Fischfilet kalt abbrausen, trocken tupfen, beidseitig mit Zitronensaft beträufeln, leicht salzen und in 6 Stücke schneiden. Diese hauchdünn mit Mehl bestäuben. Das Rapsöl in einer beschichteten Pfanne erhitzen und den Fisch darin auf jeder Seite in 3–4 Minuten knusprig braten. Die Salatblätter auf 2 Tellern anrichten, jeweils die Hälfte des Gemüses mittig darauf geben. Mit Kapern überstreuen und den Fisch obenauf legen. Mit den Eierspalten garniert servieren.

INFO

Grüne Bohnen enthalten den Giftstoff Phasin. Dieser wird erst durch einen Kochvorgang von mindestens acht Minuten deaktiviert. Das Abschrecken in Eiswasser stoppt nach dem Blanchieren die Enzymaktivität im Gemüse und damit auch den Vitaminabbau. Außerdem sorgt es dafür, dass die schöne frische Farbe erhalten wird. Kapern sollten nicht erhitzt werden, da sich einige ihrer wertvollen Inhaltsstoffe beim Erwärmen verflüchtigen.

TIPP

Anstelle des Seelachses können Sie zum Salat auch Rotbarsch oder Scholle zubereiten.

1 Portion Fischsalat Niçoise (559 g): ca. 470 kcal, 41 g Eiweiß (36E%), 27 g Fett (50E%), 16 g Kohlenhydrate (14E%). Dieses Hauptgericht liefert nur 84 kcal pro 100 g.

Kosten: Pro Portion etwa 3,45 Euro.

SEITE 121

Heikes Mutter Ingetraut Lemberger hat es geschafft: Dank LOGI ist sie mittlerweile 20 Kilo leichter. Trotz dieses verführerischen Matjessalats, in den man sich hineinlegen könnte.

FÜR 2

Traditioneller Matjessalat. 200 g Matjesfilet. 150 g magere Kalbsbrust. 100 g Sahne. 100 g Vollmilchjoghurt (3,5 % Fett). ½ TL Zucker. 2 Zwiebeln. 1 säuerlicher Apfel (zum Beispiel Boskop). 150 g Rote Bete (aus dem Glas). 150 g Sellerie (aus dem Glas). 200 g Gewürzgurken plus 50 ml Gurkenbrühe. 1 TL Wacholderbeeren. 1 Lorbeerblatt. Nach Geschmack Salz und Pfeffer.

Die Matjesfilets in einem Sieb gut abtropfen lassen. In einem kleinen Topf Wasser zum Kochen bringen. Salzen und das Kalbsfleisch darin in rund 10 Minuten garen. Sahne, Joghurt, Zucker und nach Geschmack Pfeffer zu einer Sauce verrühren. Die Zwiebeln abziehen. Den Apfel schälen und das Kerngehäuse herausschneiden. Matjesfilet, gekochtes Kalbfleisch, Rote Bete, Sellerie, Apfel und Gewürzgurken in kleine Würfel schneiden. Unter die Sahnesauce heben. Die Wacholderbeeren mit einem Messer zerdrücken. Zusammen mit dem Lorbeerblatt unterrühren. Nach Geschmack noch mit circa 50 ml Gurkenbrühe abschmecken. Den Matjessalat über Nacht im Kühlschrank zugedeckt ziehen lassen. Gut gekühlt hält er sich so auch bis zu fünf Tagen.

1 Portion Traditioneller Matjessalat (654 g): ca. 695 kcal, 46 g Eiweiß (27E%), 45 g Fett (58E%), 25 g Kohlenhydrate (15E%). Dieses Hauptgericht liefert 106 kcal pro 100 g.

Kosten: Pro Portion etwa 4,50 Euro.

ERFOLGSSTORY.

Heike Lembergers Mutter hat es geschafft – dank LOGI ist sie 20 Kilo leichter und hat ihre Blutzuckerwerte normalisiert!

Als bei meiner übergewichtigen Mutter mit zunehmendem Alter der Blutzucker anstieg, musste definitiv etwas geschehen. »Iss doch nicht so viel Kuchen!« »Musst Du immer Marmelade auf das Brot geben, das ist doch langweilig?« Mit solchen Ratschlägen hatte selbst ich als fachkundige Tochter kaum eine Chance, meine Mutter eines Besseren zu belehren. Auch die regelmäßige Nachfrage nach ihren Blutwerten, anhand derer ich mir ein Bild ihrer Stoffwechselsituation machen wollte, waren aus undefinierbaren Gründen nie auffindbar. Irgendwann habe ich dann kapituliert. Des lieben Friedens willen. Meine Eltern waren schließlich alt genug, um zu wissen, was sie ihrem Körper zumuten. Wie überall zählte der Prophet im eigenen Land nun mal nicht viel. Statt gute Ratschläge zu erteilen, habe ich meiner Mutter das Buch »Die LOGI-Methode« geschenkt, in der Hoffnung, es würde sie zum Nachdenken anregen. Aus der Hoffnung wurde Realität! Im letzten Jahr hat meine Mutter 20 Kilo abgenommen. Ich staunte nicht schlecht, als ich nach all den Jahren plötzlich meiner »erschlankten« Mutter gegenüberstand.

Auf die Frage, wie sie das geschafft hat, antwortete sie zu meiner Freude »Ich esse morgens eine halbe Scheibe Brot, anstelle von zwei Scheiben, mittags gar keine Sättigungsbeilagen mehr. Die treiben meinen Blutzucker so hoch. Abends noch mal eine halbe Scheibe Brot oder einen Quark mit frischen Früchten. Aber meine ‚Heilige Kuh' schlachte ich nicht!« Zum Verständnis: Die »Heilige Kuh« ist das tägliche Stück Kuchen zum Nachmittagskaffee. Ohne diese leckere »Sünde« kann und will meine Mutter nicht leben. Nun, es sei ihr gegönnt, sie hat abgenommen, ihr Blutzuckerspiegel ist wieder im Normbereich, und sie hat das Gefühl, auf nichts verzichten zu müssen. Außerdem fühlt sie sich pudelwohl mit deutlich weniger Ballast auf den Rippen, und sie ist sehr stolz auf sich. Und ich auf sie! Der »Traditionelle Matjessalat« ist nicht nur eines unserer beider Lieblingsgerichte, sondern noch dazu durch und durch LOGIsch.

SEITE 123

2 FÜR

Gemüse-Puten-Curry. 100 g grüne TK-Bohnen. Je 1 rote und grüne Paprikaschote. ½ Zucchino. 1 Möhre. 1 Lauchzwiebel. 1 Knoblauchzehe. 1 Chilischote. 30 g frischer Ingwer. 1 Bund frischer Koriander. 250 g Putenbrustfilet. 2 EL Erdnussöl. 1 TL Currypulver scharf. 200 ml Kokosmilch. Nach Geschmack Salz und Pfeffer.

Die Bohnen in kochendem Salzwasser in 5–8 Minuten bissfest garen. Die Paprikaschoten und den Zucchino waschen, trocken tupfen und in kleine Würfel schneiden. Die Möhre und Lauchzwiebel putzen, waschen und in dünne Scheiben beziehungsweise Ringe schneiden. Den Knoblauch abziehen, fein hacken. Die Chili ebenfalls fein hacken, dabei am besten Handschuhe tragen (siehe Seite 44). Den Ingwer schälen und fein raspeln. Den Koriander waschen, trocken schütteln und fein hacken. Das Putenbrustfilet kalt abbrausen, trocken tupfen und in etwa 2 cm dicke Medaillons schneiden. 1 TL Öl im Wok oder in einer beschichteten Pfanne erhitzen. Die Lauchringe, Knoblauch, Chili und Ingwer darin unter rühren anbraten. ½ TL Currypulver zugeben, kurz mitschwenken und die Würzmischung in einem Schüsselchen beiseite stellen. Erneut 1 TL Öl in dem Wok erhitzen. Paprika, Zucchini und Möhre darin unter Rühren knackig anbraten. Mit Salz und Pfeffer würzen. Das Gemüse herausheben und ebenfalls beiseite stellen. Erneut 1 EL Öl erhitzen. Die Medaillons darin von beiden Seiten scharf anbraten. Mit Salz und Pfeffer würzen. Die Würz- und die Gemüsemischung beifügen. Ebenso die Kokosmilch, die Bohnen, den Koriander und ½ TL Currypulver und bei schwacher Hitze 5–7 Minuten köcheln lassen. Nach Geschmack mit Salz und Pfeffer würzen.

1 Portion Gemüse-Puten-Curry (606 g): ca. 510 kcal, 37 g Eiweiß (30E%), 31 g Fett (56E%), 17 g Kohlenhydrate (14E%). Dieses Hauptgericht liefert nur 84 kcal pro 100 g.

Kosten: Pro Portion etwa 3,45 Euro.

GEFLÜGEL. LOGI IM ANFLUG!

SEITE 125

Dieses Gericht hat Frau Heike B. aus Oranienburg für die LOGI-Küche entwickelt. »Seit drei Jahren ernähre ich mich schon nach LOGI. Mir geht es dabei nicht ums Abnehmen, sondern ganz allgemein um die gesunde Ernährung. Ich fühle mich nun leistungsfähiger, und auch meiner Familie schmeckt's.«

FÜR 2

Kürbiscurry mit Hähnchen. 500 g Hähnchenbrustfilet ohne Haut. Je 1 rote und gelbe Paprikaschote. 600 g Hokkaido-Kürbis. 1 Zwiebel. 2 EL Olivenöl. 100 g saure Sahne. 1 kleiner Bund Schnittlauch. ½ TL Currypulver. Nach Geschmack Salz und Pfeffer.

Die Hähnchenbrust unter kaltem Wasser abbrausen, trocken tupfen und in mundgerechte Würfel schneiden. Die Paprikaschoten putzen, waschen und in Streifen schneiden. Den Kürbis gut waschen. Die Kerne herausschaben und das Kürbisfleisch in etwa fingerdicke Würfel schneiden. Die Zwiebel abziehen, fein würfeln. In einer beschichteten Pfanne 1 EL Öl erhitzen. Paprika, Kürbis und Zwiebel darin bei mittlerer Hitze garen. In einer zweiten Pfanne ebenfalls 1 EL Öl erhitzen und das Fleisch darin unter Wenden knusprig goldbraun anbraten und durchgaren. Mit Salz würzen und unters Gemüse heben. Die saure Sahne unter das Curry mischen, mit Salz und Pfeffer abschmecken. Den Schnittlauch waschen, trocken schütteln und in kleine Ringe schneiden. Das Curry mit Currypulver abschmecken und den Schnittlauch unterziehen.

TIPP *Runden Sie das Aroma mit etwas geriebenem Ingwer ab.*

1 Portion Kürbiscurry mit Hähnchen (646 g): ca. 520 kcal, 65 g Eiweiß (51E%), 20 g Fett (34E%), 19 g Kohlenhydrate (15E%). Dieses Hauptgericht liefert nur 80 kcal pro 100 g.

Kosten: Pro Portion etwa 4,45 Euro.

GEFLÜGEL. LOGI IM ANFLUG!

Dieses Rezept wurde von der Oecotrophologin Sarah Horn aus Gießen entwickelt. »Im Studium habe ich nie etwas von der LOGI-Methode gehört und das, obwohl die Datenlage zu Low-Carb-Ernährungsformen mittlerweile sehr fundiert ist. Erst im Praktikum habe ich mich mit diesem Thema intensiver auseinandergesetzt. Und ich bin überzeugt von LOGI, denn ich sehe die Erfolge an den Klienten, die zu uns in die Ernährungsberatung kommen. Außerdem habe ich durch meine Mitarbeit am neuen LOGI-Kochbuch erkannt, wie abwechslungsreich und lecker LOGI ist. Besonders die Blumenkohl-Maki-Sushi haben es mir angetan.«

FÜR 2

Hähnchenschenkel mit Honigkruste und Orangen. 2 Orangen. 2 Hähnchenschenkel à 150 g. Etwas Butter für die Form. 1 TL scharfes Currypulver. 2 TL Honig. 1 TL Olivenöl. 1 kleine Zwiebel. 400 g Möhren. ½ Bund frische Petersilie. 2 EL Schmand. Nach Geschmack Salz und Pfeffer.

Den Backofen auf 200° (Umluft 180°) vorheizen. 1 Orange schälen und quer in dünne Scheiben schneiden. Den Saft der anderen Orange auspressen. Die Hähnchenschenkel kalt abbrausen und trocken tupfen. Den Boden einer kleinen Auflaufform dünn mit Butter einfetten. Zwei Orangenscheiben beiseite legen, den Rest in dieser Form verteilen. Die Hähnchenschenkel obenauf legen und mit Salz, Pfeffer und Currypulver würzen. Jeden Hähnchenschenkel mit 1 TL Honig bestreichen und mit 1 Orangenscheibe belegen. Mit dem Orangensaft übergießen. Die Hähnchenschenkel im vorgeheizten Ofen etwa 40 Minuten backen. Zwischenzeitlich immer wieder etwas Sauce aus der Auflaufform schöpfen und die Schenkel damit beträufeln. Dadurch wird die Haut schön kross. Damit die Haut nicht verbrennt, kann man auch die Orangenscheiben auf dem Hähnchen jedes Mal etwas versetzen. Inzwischen die Zwiebel abziehen und fein würfeln. Die Möhren putzen, waschen und in dünne, etwa 3 cm lange Stifte schneiden. Das Öl in einer beschichteten Pfanne erhitzen und die Zwiebel darin glasig andünsten. Die Möhren und 50 ml Wasser zugeben und alles mit Salz, Pfeffer und Currypulver würzen. Die Möhren bei kleiner Hitze 10–15 Minuten bei aufgelegtem Deckel kochen lassen. Die Petersilie waschen, trocken schütteln und fein hacken. Das Möhrengemüse in eine Schüssel geben, den Schmand und die Petersilie unterziehen. Die Hähnchenschenkel mit den Orangenscheiben auf 2 Tellern anrichten und mit dem Möhrengemüse und dem Bratfond servieren.

1 Portion Hähnchenschenkel mit Honigkruste (520 g): ca. 505 kcal, 31 g Eiweiß (24E%), 32 g Fett (57E%), 21 g Kohlenhydrate (17E%). Dieses Hauptgericht liefert nur 97 kcal pro 100 g.

Kosten: Pro Portion etwa 1,60 Euro.

2 FÜR

Sesamhühnchen schwarz-weiß auf Thaisalat. **400 g Hähnchenbrustfilet ohne Haut. 1 EL Mehl. 1 Ei. 3 EL helle Sesamsaat. 3 EL schwarze Sesamsaat. 1 EL Erdnussöl. 100 g Sojasprossen. 1 Möhre (etwa 150 g). ½ kleine Salatgurke. ½ Bund Koriander. ½ Bund Thaibasilikum. 1 Knoblauchzehe. 1 rote Chilischote. 1 Limette. 1 EL Honig. 30 g Erdnüsse. 2 EL trockener Sherry. Nach Geschmack Salz und Pfeffer.**

Die Hähnchenbrustfilets kalt abbrausen, trocken tupfen und mit einem Fleischklopfer flacher klopfen. Vierteln, beidseitig leicht salzen und mit Mehl bestäuben. Das Ei in einem tiefen Teller mit Salz und Pfeffer verquirlen. Beide Sesamsorten auf einem flachen Teller mischen. Die mehlierten Filets zunächst durch das Ei ziehen, dann im Sesam wenden. Das Erdnussöl in einer beschichteten Pfanne erhitzen. Das Sesamhühnchen darin bei mittlerer Hitze von beiden Seiten knusprig braten und durchgaren. Für den Salat die Sojasprossen heiß waschen, kalt abbrausen und in einem Sieb gut abtropfen lassen. Die Möhre putzen, waschen und fein würfeln. Die Gurke schälen und ebenfalls in kleine Würfelchen schneiden. Sojasprossen, Möhre und Gurke mischen. Koriander und Thaibasilikum abbrausen, die Blättchen abzupfen, einige zum Garnieren beiseite legen, die übrigen mit zum Salat geben. Den Knoblauch abziehen und in feine Scheiben schneiden. Die Chili waschen, die Kernchen herausschneiden und die Schote in Ringe schneiden. Den Saft der Limette auspressen. Knoblauch, Chili, Limettensaft, etwas Salz, Honig, Erdnüsse und Sherry zu einem glatten Dressing pürieren. Dieses unter den Salat ziehen. Das Sesamhühnchen auf dem Thaisalat anrichten und mit Koriander und Thaibasilikum garniert servieren.

TIPP · TIPP · TIPP

Statt mit Sesam können Sie das Hähnchenbrustfilet auch mit Kokosraspel panieren.

Hervorragend passt dazu das Mango-Koriander-Chutney von Seite 157: Das Sesamhühnchen hineindippen und genießen!

1 Portion Sesamhühnchen schwarz-weiß auf Thaisalat (580 g): ca. 715 kcal, 61 g Eiweiß (35E%), 37 g Fett (47E%), 31 g Kohlenhydrate (18E%). Dieses Hauptgericht liefert 124 kcal pro 100 g.

Kosten: Pro Portion etwa 3,80 Euro.

GEFLÜGEL.
LOGI IM ANFLUG!

SEITE 129

FÜR 2 **Putenfilets mit Broccoliflan.** 300 g Broccoli. 1 l Gemüsebrühe. 3 Eier. 30 g geriebener Parmesan (oder Cheddarkäse). 60 g Schmand. Etwas Butter zum Einfetten. 2 Putenbrustfilets à 150 g. 20 g Weizenmehl. 1 EL Rapsöl. 20 ml Weißwein. Nach Geschmack Salz und Pfeffer. 4 Soufflé-Förmchen.

Den Backofen auf 200° (Umluft 180°) vorheizen. Den Broccoli putzen, waschen und in Röschen schneiden. Die Gemüsebrühe zum Kochen bringen, den Broccoli darin 6–7 Minuten garen und anschließend pürieren. 2 Eier, den Parmesan und den Schmand zufügen und mitpürieren. Mit Salz und Pfeffer würzen. Vier kleine Soufflé-Förmchen dünn mit Butter einfetten, je ein Viertel der Broccolimasse einfüllen. Die Förmchen in eine Auflaufform setzen und dann vom Rand her Wasser eingießen, bis die Förmchen zur Hälfte im Wasser stehen. Im vorgeheizten Ofen (Mitte) etwa 30 Minuten garen. Nach 20 Minuten Backzeit die Putenbrustfilets kalt abbrausen, trocken tupfen und dünn klopfen. Mit Salz würzen und mit Mehl bestäuben. Das dritte Ei in einem Teller verquirlen und die Filets darin wenden. Das Öl in einer beschichteten Pfanne erhitzen, die Filets darin von beiden Seiten braten. Den Weißwein angießen und einmal kurz aufkochen lassen. Bei reduzierter Hitze den Wein zugießen. Das Fleisch auf 2 Tellern anrichten, je zwei Broccoliflans daneben stürzen.

Tipp *Statt Broccoli können auch Möhren verwendet werden. Ein frischer Salat ergänzt das Gericht auf erfrischende Weise.*

1 Portion Putenfilets mit Broccoliflan (456 g): ca. 550 kcal, 59 g Eiweiß (44E%), 29 g Fett (46E%), 13 g Kohlenhydrate (9E%), 1 g Alkohol (1E%). Dieses Hauptgericht liefert 128 kcal pro 100 g.

Kosten: Pro Portion etwa 2,65 Euro.

Dieser Salat von Kathrin Stegmann aus Waldaschaff macht Lust auf mehr: »Im Rahmen einer wissenschaftlichen Arbeit meines Bruders lernte ich LOGI kennen. Vier Wochen lang stand ich ihm für seine Arbeit als LOGI-Versuchskaninchen zur Verfügung. Extra eiweißreiche Kost habe ich bis dato mit Bodybuildern in Verbindung gebracht. Im Rahmen des wissenschaftlichen Experiments lernte ich schon bald die Vorteile der eiweißreichen Kost für mich kennen: Ich war weniger müde, musste nicht ständig ans Essen denken und meine Hosen passten besser. Die Umstellung der Hauptmahlzeiten auf weniger Beilagen und Brot war für mich kein Problem. Der Gedanke aber, Süßes so weit wie möglich zu meiden, machte mir Sorgen. Ich überlegte mir eine Strategie, und die ist ganz einfach: Bei den drei Hauptmahlzeiten esse ich mich an den eiweißreichen Lebensmitteln in Kombination mit Gemüse, Pilzen und Salat richtig satt. So verspüre ich über viele Stunden keinen Hunger und verzehre mich nicht nach Zucker. Zugleich achte ich darauf, dass Süßes nicht auf dem Tisch steht. Aus den Augen, aus dem Sinn! Ich habe mit LOGI bereits zehn Kilo abgenommen, und es geht weiter.«

FÜR 2

Kichererbsensalat mit Hähnchen. 150 g getrocknete Kichererbsen. 200 g Hähnchenbrustfilets. 1 EL Rapsöl. 1 große Zwiebel. 2 rote Paprikaschoten. 1 mittelgroßer Zucchino. 3 EL Olivenöl. 3 kleine Gewürzgurken (aus dem Glas). 4 EL heller Balsamessig (Balsamico bianco). 2 EL Wasser. Ein Spritzer Zitronensaft. 1 Prise Zucker. 1 Msp. Chilipulver. Nach Geschmack Salz und Pfeffer.

Die Kichererbsen mindestens 12 Stunden, am besten über Nacht, in reichlich Wasser einweichen. Am Kochtag abgießen und mit frischem kalten Wasser zum Kochen bringen. In 45 Minuten garen. In ein Sieb gießen und erkalten lassen. Die Hähnchenbrustfilets kalt abbrausen, trocken tupfen und in 3 cm breite Streifen schneiden. Rapsöl in einer beschichteten Pfanne erhitzen und die Filets darin rundum braten bis sie durchgegart sind. Mit Salz und Pfeffer würzen, herausnehmen und abkühlen lassen. Die Zwiebel abziehen, fein würfeln. Die Paprikaschoten putzen, waschen und in kleine Würfel schneiden. Den Zucchino waschen, längs halbieren und in dünne Scheiben schneiden. 1 EL Olivenöl in einer beschichteten Pfanne erhitzen. Die Zwiebel darin anschwitzen, die Paprika zufügen und 4 Minuten braten. Zucchini zugeben und weitere 3 Minuten schmoren. Erkalten lassen. Die Gewürzgurken in dünne Scheiben schneiden. Die Kichererbsen, das Gemüse und die Gurken in einer großen Salatschüssel mischen, die Hähnchenstreifen unterheben. Den Essig mit Wasser, Zitronensaft, Zucker, Salz und Chilipulver gut verrühren. 2 EL Olivenöl unterschlagen und unter den Kichererbsensalat ziehen. Mit Salz und Pfeffer abschmecken.

TIPP: *Wenn die Kichererbsen im Schnellkochtopf gekocht werden, kann man auf das vorangehende Einweichen verzichten. Unter Umständen blähen sie dann allerdings stärker.*

1 Portion Kichererbsensalat mit Hähnchen (628 g): ca. 575 kcal, 39 g Eiweiß (28E%), 30 g Fett (42E%), 34 g Kohlenhydrate (24E%). Dieses Hauptgericht liefert nur 92 kcal pro 100 g.

Kosten: Pro Portion etwa 2,30 Euro.

Ein raffiniertes Rezept von Rita G. aus Stuttgart. Dank Umstellung ihrer Ernährung auf die LOGI-Methode hat sie in zwei Monaten vier Kilogramm abgenommen, ganz ohne zu hungern.

FÜR 2

Hühnerfilets in Thymiansauce mit Kohlrabiragout. 1 TL Olivenöl. 2 Hähnchenbrustfilets ohne Haut. 50 g magerer, geräucherter Frühstücksspeck. 1 EL Senf. 100 g Sahne. 100 ml trockener Portwein. 1 TL Tomatenmark. 1 Zweig Thymian. 1 Zweig Rosmarin. 2 Kohlrabi. 10 g Butter. 100 ml Vollmilch (3,5 % Fett). 1 Prise geriebene Muskatnuss. ½ TL Estragon (getrocknet). Nach Geschmack Salz und Pfeffer.

Den Backofen auf 180° (Umluft 160°) vorheizen. Das Öl in einem feuerfesten Topf oder einer ofenfesten Pfanne erhitzen. Die Hähnchenbrustfilets darin scharf anbraten. Wenden, den Speck zugeben und 1 Minute mitbraten. Senf, Sahne, Portwein und Tomatenmark gut verrühren, mit Salz und Pfeffer würzen. Diese Sauce über die Filets gießen. Mit dem Thymian- und dem Rosmarinzweig belegen und im Backofen (unten) etwa 18 Minuten ohne Deckel garen. Inzwischen die Kohlrabi schälen und in fingerdicke Würfel schneiden. In einem Topf mit wenig Wasser 7 Minuten bissfest dünsten. Die Butter in einer beschichteten Pfanne schmelzen lassen. Die Kohlrabiwürfel darin schwenken. Die Milch angießen, kurz aufkochen lassen und mit Salz, Pfeffer, Muskat und Estragon abschmecken. Zum Hähnchen servieren.

TIPP • TIPP

Schmeckt auch mit Lammfleisch sehr gut, dann allerdings Thymian und Rosmarin durch Salbei ersetzen und die Garzeit im Backofen auf 12 Minuten verkürzen. Zum Garen im Ofen bieten sich gusseiserne Pfannen oder solche mit abnehmbarem Griff an.

1 Portion Hühnerfilets in Thymiansauce mit Kohlrabiragout (494 g): ca. 570 kcal davon sind 48 g Eiweiß (34E%), 30 g Fett (49E%), 15 g Kohlenhydrate (10E%) und Alkohol 7 g (7E%). Dieses Hauptgericht liefert 116 kcal pro 100 g.

Kosten: Pro Portion etwa 3,90 Euro.

2 FÜR

Erdnusshühnchen mit fruchtigem Mangoldsalat. 100 g junge Mangoldblättchen. 15 g ungesalzene Erdnüsse. 25 g Rosinen. 60 g helle, kernlose Weintrauben. 1 Orange. 1 TL Honig. 2–3 EL Himbeeressig. 1 EL Walnussöl. 350 g Hähnchenbrustfilet ohne Haut. 1 EL Erdnussöl. 30 g Erdnussmus (ungezuckert). 60 ml fettarme Milch (1,5 % Fett). Salz.

In einem kleinen Topf Wasser zum Kochen bringen. Die Mangoldblättchen abbrausen, trocken schütteln, den Strunk abschneiden. Die Blätter von den Stielen schneiden und die Stiele in feine Streifen schneiden. Die Blätter längs halbieren und in etwas breitere Streifen schneiden. Das kochende Wasser salzen und zunächst die Stiele 15 Minuten darin kochen. Herausheben und abtropfen lassen. Die Blätter im selben Wasser kurz blanchieren, in einem Sieb kalt abschrecken und abtropfen lassen. Die Erdnüsse halbieren und in einer beschichteten Pfanne ohne Fett rösten. Die Hälfte der Rosinen zugeben und unter Rühren kurz mit erhitzen. Die Trauben heiß waschen, kalt abbrausen und halbieren. Die Orange schälen und filetieren. Mangold, Nüsse, die erhitzten Rosinen und die Trauben in einer Salatschüssel mischen. Den Honig mit Himbeeressig, 1 EL Milch und 1 Prise Salz gut verrühren. Das Öl unterschlagen. Das Dressing unter den Salat mischen und diesen mindestens 15 Minuten durchziehen lassen.

Das Hähnchenbrustfilet kalt abbrausen, trocken tupfen und vierteln. In einer beschichteten Pfanne das Erdnussöl erhitzen und das Fleisch darin von beiden Seiten goldbraun anbraten. Salzen und bei reduzierter Hitze durchgaren. In einem kleinen Topf das Erdnussmus vorsichtig erwärmen bis es weicher ist. 50 ml Milch einrühren und mit dem Mus zu einer glatten Sauce ohne Klümpchen verrühren. Die restlichen Rosinen 1 Minute bei niedriger Hitze mitköcheln lassen. Falls die Sauce zu dickflüssig ist, einfach noch etwas Milch einrühren. Die Hähnchenbrustfilets in die Sauce geben und mit dem Salat servieren.

Tipp: *Statt des Mangolds können Sie auch jungen Spinat oder Feldsalat verwenden. Diese müssen vorab nicht blanchiert werden, sollten aber erst unmittelbar vor dem Servieren mit dem Dressing vermischt werden.*

1 Portion Erdnusshühnchen mit fruchtigem Mangoldsalat (462 g): ca. 560 kcal, 53 g Eiweiß (39E%), 26 g Fett (40E%), 29 g Kohlenhydrate (21E%). Dieses Hauptgericht liefert 122 kcal pro 100 g.

Kosten: Pro Portion etwa 2,55 Euro.

Marco Morsch aus Rödgen hat uns dieses leckere Gericht aus seinem LOGI-Rezeptschatz verraten. Er hat mit LOGI zehn Kilo abgenommen und ist froh darüber, den Gürtel jetzt wieder enger schnallen zu können.

FÜR 2

Rinderfilets in Gorgonzolasauce. 2 Scheiben Rinderfilet oder Rindersteak à 150 g. 400 ml Rotwein oder 1 Becher Buttermilch zum Marinieren. 2 mittelgroße Auberginen (etwa 600 g). 2 Knoblauchzehen. 1 EL Rapsöl. 50 g Gorgonzola. 1 TL Butter. 50 ml fettarme Milch (1,5 % Fett). 20 ml Weißwein. 1 EL Olivenöl. 1 TL Pesto. 4 Thymianzweige. Nach Geschmack Salz und Pfeffer. Alufolie.

Das Rinderfilet in Rotwein oder Buttermilch einlegen und abgedeckt mindestens 2 Stunden im Kühlschrank marinieren. Dann den Backofen auf 80° vorheizen. Die Auberginen waschen, putzen und in Würfel schneiden. Den Knoblauch abziehen und fein hacken. 1 EL Rapsöl in einer beschichteten Pfanne erhitzen. Den Knoblauch darin anbraten, herausnehmen. Im Bratfett die Auberginen von beiden Seiten bei mittlerer Hitzezufuhr goldbraun braten. Inzwischen den Gorgonzola würfeln. Die Butter in einem kleinen Topf erhitzen. Den Gorgonzola unter ständigem Rühren bei mittlerer Hitze darin schmelzen lassen. Die Milch und den Weißwein zugeben und bei niedriger Temperatur leise köcheln lassen. Ab und zu umrühren. In einer weiteren Pfanne das Olivenöl erhitzen und das Fleisch darin beidseitig je 1 Minute anbraten, herausnehmen, mit Salz und Pfeffer würzen, in Alufolie wickeln und im vorgeheizten Ofen 5 Minuten ruhen lassen. Das Pesto und die Thymianzweige unter das Auberginengemüse rühren, dieses mit Salz und Pfeffer abschmecken. Das Fleisch auf 2 Tellern anrichten, mit Gorgonzolasauce übergießen und das Auberginengemüse dazu servieren.

1 Portion Rinderfilets in Gorgonzolasauce (525 g): ca. 435 kcal, 42 g Eiweiß (39E%), 25 g Fett (50E%) und 9 g Kohlenhydrate (9E%). Dieses Hauptgericht liefert nur 83 kcal pro 100 g.

Kosten: Pro Portion etwa 7,80 Euro.

Dieses ist eines der Lieblingsgerichte von Ruth Grönert aus Jettingen-Scheppach. Sie hat dank LOGI sechs Kilo abgenommen. Mit ihrem jetzigen Gewicht von 57 Kilo fühlt sie sich pudelwohl!

FÜR 2

Rindsrouladen mit mediterraner Füllung. 2 Rindsrouladen à 150 g. 2 EL scharfer Senf. 4 dünne Scheiben Salami. 1 große Zwiebel. 120 g Fetakäse. 3 Tomaten. 1 rote Paprikaschote. 1 mittescharfe Chilischote. 10 g Butter. 1 Knoblauchzehe. 2 Scheiben frischer Ingwer. 400 ml passierte Tomaten. Nach Geschmack Salz und Pfeffer. 4 Zahnstocher oder Rouladennadeln.

Die Rindsrouladen auf einem Brettchen ausbreiten. Jeweils mit 1 EL scharfem Senf bestreichen und mit 2 Scheiben Salami belegen. Die Zwiebel abziehen, fein würfeln und die Hälfte auf die beiden Rouladen verteilen. Darauf jeweils ein großes Stück Fetakäse legen, etwas Feta zum Belegen verwahren. Die Rouladen aufrollen und mit Zahnstochern fixieren. Die Tomaten waschen, den Stielansatz wegschneiden und würfeln. Die Paprika putzen, waschen und fein schneiden. Die Chili waschen und in feine Ringe schneiden (mit Handschuhen arbeiten, siehe Seite 44). Die Butter in einer tiefen Pfanne zerlassen. Die Rouladen darin ringsum gut anbraten. Die restlichen Zwiebelwürfel kurz mitbraten. Das Fleisch herausheben und kurz beiseite stellen. Knoblauch, Ingwer, Pfeffer und Chili ins Bratfett geben und kurz anbraten. Die passierten Tomaten und die Tomatenwürfel einrühren, die Rouladen wieder in die Pfanne geben. Den restlichen Feta zerkrümeln und darüber streuen. Den Deckel auflegen und die Rouladen etwa 120 Minuten schmoren. Zum Schluss mit Salz abschmecken.

1 Portion Rindsrouladen mit mediterraner Füllung (728 g): ca. 660 kcal, 70 g Eiweiß (42E%), 33 g Fett (46E%), 19 g Kohlenhydrate (12E%). Dieses Hauptgericht liefert nur 91 kcal pro 100 g.

Kosten: Pro Portion etwa 3,10 Euro.

FÜR 2 **Rinderfilets mit Pinienkernkruste.** 20 g Baguettebrötchen. 30 g geriebener Parmesan. 15 g Pinienkerne. 1 EL gehackte Petersilie. 1 TL zerlassene Butter. 1 EL Milch. 1 TL Rapsöl. 2 Scheiben Rinderfilet à 150 g. 600 g frischer Spinat. 1 EL Olivenöl. Etwas Butter zum Einfetten. Nach Geschmack Salz, Pfeffer und Muskatnuss. Alufolie.

Den Backofen auf 180° (160° Umluft) vorheizen. Baguettebrötchen zerbröseln. Mit 1 EL geriebenem Parmesan, den Pinienkernen, der Petersilie, der zerlassenen Butter und der Milch zu einer feinen Paste pürieren. Mit Salz und Pfeffer abschmecken. In einer beschichteten Pfanne das Rapsöl erhitzen. Die Rinderfilets auf beiden Seiten je 1 Minute anbraten. Herausnehmen, mit Salz und Pfeffer würzen, in Alufolie wickeln und 5–8 Minuten ruhen lassen. Eine Auflaufform dünn mit Butter einfetten. Das Fleisch hineinlegen und die Oberseite mit der Pinienkernpaste bestreichen. Im vorgeheizten Ofen bei 180° 5–7 Minuten backen bis die Kruste Farbe annimmt. Vorsicht – die Kruste kann schnell verbrennen, deswegen in regelmäßigen, kurzen Abständen in den Ofen schauen. Währenddessen den Spinat waschen und leicht abtropfen lassen. Das Olivenöl in einer Pfanne erhitzen und den Spinat darin zusammenfallen lassen. In ein Sieb geben, gut abtropfen lassen und wieder in die Pfanne geben. Mit Muskatnuss, Salz und Pfeffer abschmecken. Den restlichen Parmesan untermischen und den Spinat zum Fleisch servieren.

TIPP *Auch wenn sie etwas teurer sind, sollten Sie europäische Pinienkerne kaufen. Sie sind aromatisch viel intensiver als die Importe aus China oder Korea.*

1 Portion Rinderfilets mit Pinienkernkruste (447 g): ca. 490 kcal, 57 g Eiweiß (48E%), 25 g Fett (45E%), 8 g Kohlenhydrate (7E%). Dieses Hauptgericht liefert 110 kcal pro 100 g.

Kosten: Pro Portion etwa 6,20 Euro.

SEITE 137

Dieses Rezept hat uns Karin Arand aus Michigan, dem amerikanischen Staat der großen Seen, geschickt. Sie ist überzeugt: Auch Schlanke profitieren von LOGI! »Mein Mann und ich sind schlank und sportlich. Wir joggen, fahren viel Fahrrad und machen Yoga. Der Auslöser einer Ernährungsumstellung war meine ständige Müdigkeit und nächtliche Unruhe sowie der grenzwertig erhöhte Blutdruck von 140/90 mmHg meines Mannes. Über das Internet habe ich LOGI kennengelernt. Das Konzept leuchtete mir ein, und wir fingen an, unsere Ernährungsweise umzustellen. Nach knapp drei Monaten mit LOGI fühle ich mich deutlich kraftvoller, ausgeglichener und kann wieder besser schlafen. Bei meinem Mann hat sich auch sein Blutdruck wieder auf 120/80 mmHg gebessert. Wir sind von der LOGI-Methode überzeugt und werden ihr natürlich auch treu bleiben.«

2 FÜR

Gratinierte Rinderlende. 300 g magere Rinderlende. 1 TL Paprikapulver edelsüß. 2 Scheiben Cheddarkäse (etwa 60 g). 150 g Putenbrust. 1 TL Rapsöl. 200 g Champignons. 2 Lauchzwiebeln. 200 g Lauch. 200 g Cocktailtomaten. 150 g Sahne. 150 ml Gemüsebrühe. 30 g Tomatenmark. ½ TL Paprikapulver rosenscharf. Etwas Butter zum Einfetten. Nach Geschmack Salz und Pfeffer.

Eine Auflaufform dünn mit Butter einfetten. Die Rinderlende rundum mit Pfeffer und Paprikapulver würzen und in die Auflaufform legen. Auf jede Lende eine Scheibe Cheddarkäse legen. Putenbrust waschen, trocken tupfen und in Streifen schneiden. Rapsöl erhitzen, Putenbruststreifen darin anbraten, mit Salz und Pfeffer würzen, dann abkühlen lassen und anschließend über die Rinderlende verteilen. Die Champignons putzen, Lauchzwiebeln und Lauch waschen und in Ringe schneiden. Cocktailtomaten waschen und in Scheiben schneiden. Lauchzwiebeln, Lauch und Tomaten ebenfalls über die Rinderlende verteilen. Sahne mit Gemüsebrühe, Tomatenmark, scharfem Paprikapulver und Pfeffer verrühren und über das Fleisch gießen. Eine Nacht zugedeckt in der Auflaufform im Kühlschrank ruhen lassen. Am nächsten Tag 70–90 Minuten bei 200° im Ofen garen.

TIPP *Anstelle der Rinderlende kann das Gericht auch mit Schweinelende zubereitet werden. Der Cheddar kann durch Appenzeller oder Greyerzer ersetzt werden.*

1 Portion Gratinierte Rinderlende (620 g): ca. 620 kcal, 71 g Eiweiß (47E%), 31 g Fett (46E%), 25 g Kohlenhydrate (7E%). Dieses Hauptgericht liefert 100 kcal pro 100 g

Kosten: Pro Portion etwa 3,80 Euro.

RIND. KRÄFTIG, SAFTIG, LOGI.

2 FÜR

Pizzaiola. **25 g entsteinte schwarze Oliven. 5 getrocknete Tomaten (nicht in Öl eingelegt). 350 g dünne Kalbsschnitzel (4 Stück). 1 EL Olivenöl. 400 g stückige Tomaten (aus der Dose). 1 EL Tomatenmark. 1 EL Kapern. 1 TL getrockneter Oregano (oder Thymian). Nach Geschmack Salz und Pfeffer. Alufolie.**

Den Backofen auf 50° vorheizen. Die Oliven und die getrockneten Tomaten in feine Würfel schneiden. Die Kalbsschnitzel vierteln und leicht salzen. Das Öl in einer Pfanne erhitzen und das Fleisch darin auf jeder Seite maximal 1 Minute braten. Herausnehmen, auf einen Teller geben, mit Alufolie abdecken und im Ofen warm stellen. Die Oliven und die Tomaten im Bratfett kurz anbraten. Die stückigen Tomaten, Tomatenmark und Kapern hinzufügen. Mit Salz, Pfeffer und getrocknetem Oregano würzen und etwa 15 Minuten bei niedriger Temperatur offen einköcheln lassen. Die Sauce abschmecken, die Kalbsschnitzel kurz darin erwärmen und servieren.

TIPP ***Genießen Sie dazu eine große Portion Rucola- oder Feldsalat.***

1 Portion Pizzaiola (334 g): ca. 350 kcal, 40 g Eiweiß (46E%), 17 g Fett (43E%), 9 g Kohlenhydrate (10E%). Dieses Hauptgericht liefert 106 kcal pro 100 g.

Kosten: Pro Portion etwa 6,90 Euro.

2 FÜR

Rumpsteak mit Balsamicozwiebeln und gebratenem Spargel.

2 große rote Zwiebeln (etwa 200 g). 3 TL Olivenöl. ½ TL Honig. 2 EL Orangensaft. 3 EL dunkler Balsamessig (Aceto balsamico). 400 g grüner Spargel. 1 EL Rapsöl. 2 magere Rumpsteaks à 150 g. Nach Geschmack Salz und Pfeffer. Alufolie.

Die Zwiebeln abziehen und in Ringe schneiden. 1 TL Olivenöl in einer kleinen beschichteten Pfanne erhitzen. Die Zwiebeln darin kurz anbraten. Honig, Orangensaft und 2 EL Essig dazugeben und das Zwiebelgemüse bei schwacher Hitze offen einkochen lassen. Mit etwas Salz abschmecken. Inzwischen den Spargel waschen und im unteren Drittel dünn schälen. Das holzige Ende abschneiden. Den Backofen auf 60° vorheizen. 2 TL Olivenöl in einer beschichteten Pfanne erhitzen. Den Spargel darin wenden bis er Farbe annimmt, aber noch bissfest ist. 1 EL Essig dazugeben, den Spargel erneut darin wenden. Mit Salz und Pfeffer ganz leicht würzen. Den Spargel auf einen Teller legen, mit Alufolie abdecken und im vorgeheizten Ofen warm stellen. Den Ofen abstellen. Das Rapsöl in einer Pfanne erhitzen. Die Steaks darin von beiden Seiten 2 Minuten braten. Mit Salz und Pfeffer würzen. Auf 2 Tellern anrichten, mit den Balsamicozwiebeln und dem gebratenen Spargel servieren.

1 Portion Rindersteak mit Balsamicozwiebeln und gebratenem Spargel (494 g): ca. 485 kcal, 52 g Eiweiß (48E%), 21 g Fett (42E%), 11 g Kohlenhydrate (10E%). Dieses Hauptgericht liefert nur 91 kcal pro 100 g.

Kosten: Pro Portion etwa 7,30 Euro.

SEITE 141

2 FÜR

Kalbsgulasch auf Petersilienwurzelpüree. 1 Zwiebel. 1 Knoblauchzehe. Je ½ rote, gelbe und grüne Paprikaschote. 3 TL Rapsöl. 300 g Kalbsgulasch. 1 Lorbeerblatt. 1 EL Tomatenmark. 500 ml Gemüsebrühe. 1 kg Petersilienwurzeln. 20 g Butter. 1 Msp. geriebene Muskatnuss. ½ TL gerebelter Majoran. 1 TL Paprikapulver rosenscharf. 2 EL saure Sahne. Nach Geschmack Salz und Pfeffer.

Die Zwiebel und den Knoblauch abziehen und fein würfeln. Die Paprikaschoten putzen, waschen und in Streifen schneiden. 1 TL Öl in einer beschichteten Pfanne erhitzen. Zwiebel und Knoblauch darin glasig andünsten. Herausheben und beiseite stellen. Die Paprika im Bratfett 2 Minuten pfannenrühren, dann ebenfalls beiseite stellen. Erneut 2 TL Öl in der Pfanne erhitzen. Das Gulasch darin rundum scharf anbraten. Zwiebel, Knoblauch, Paprika und Lorbeerblatt zum Fleisch geben, mit Salz und Pfeffer leicht würzen. Das Tomatenmark unterrühren und die Gemüsebrühe angießen. Das Gulasch 30 Minuten zugedeckt schmoren lassen.

Währenddessen die Petersilienwurzeln putzen, waschen und etwa daumendick würfeln. 1,5 Liter Wasser zum Kochen bringen. Das Wasser salzen und die Petersilienwurzeln darin 10–15 Minuten weich kochen. In einem Sieb abtropfen lassen und pürieren. Die Butter unterrühren. Das Püree mit Salz, Pfeffer und Muskatnuss abschmecken. Das Gulasch mit Salz, Pfeffer, Majoran und dem Paprikapulver abschmecken. Die saure Sahne unterziehen und das Gulasch mit dem Petersilienwurzelpüree servieren.

KOHLENHYDRATE SPAREN

Petersilienwurzeln haben einen kartoffelähnlichen Geschmack, sind aber kohlenhydratarm. Sie sind deswegen sehr gut für ein LOGIsches Püree geeignet. Der Kohlenhydrat-Spareffekt im Vergleich zum Kartoffelpüree fällt entsprechend hoch aus: 100 g Petersilienwurzelpüree liefert 5 Gramm Kohlenhydrate. Die gleiche Portion Kartoffelpüree liefert 15 Gramm, also die dreifache Menge an Kohlenhydraten. Pro Portion macht das hier eine Ersparnis von 50 g Kohlenhydraten aus!

1 Portion Kalbsgulasch auf Petersilienwurzelpüree (782 g): ca. 550 kcal, 43 g Eiweiß (33E%), 29 g Fett (46E%), 29 g Kohlenhydrate (21E%). Dieses Hauptgericht liefert nur 71 kcal pro 100 g.

Kosten: Pro Portion etwa 7,15 Euro.

RIND.
KRÄFTIG, SAFTIG, LOGI.

Rindfleisch ist aromatisch und reich an gut verfügbarem Zink und Eisen. Fleisch aus artgerechter Produktion, also Bio-Fleisch, enthält größere Mengen an Omega-3-Fettsäuren. Besonders hoch ist der Gehalt, wenn die Tiere mit Raps gefüttert wurden. Zu den zartesten Rindfleischteilen gehören der Rücken, die Hüfte und das Filetstück. Hierbei handelt es sich um saftiges Muskelfleisch, das vor allem zum Braten geeignet ist.

Küchentipp: Rinderfilet oder Rindersteak nach dem beidseitigen Anbraten – je nach gewünschter Garstufe und Größe des Fleischstücks zwei bis sechs Minuten je Seite – in Alufolie wickeln und etwa fünf Minuten im Backofen bei 80° ruhen lassen. Dadurch verteilt sich der Fleischsaft gleichmäßig und das Fleisch wird ganz zart. Und einen weiteren Zartmachereffekt erzielt man, indem man das Rindfleisch vor der Zubereitung einige Stunden in Rotwein oder Buttermilch einlegt.

Kalbfleisch stammt von fünf bis sechs Monate alten Kälbern. Das Fleisch ist daher sehr feinfaserig. Es ist magerer, etwas heller und noch zarter als Rindfleisch. Die besten Stücke stammen vom Rücken (Koteletts) und aus der Keule (Schnitzel).

2 FÜR

Thailändisches Rindercurry. 200 g frische Ananas (geschält gewogen). 200 g Broccoli. 200 g Zuckerschoten. 200 g Sojasprossen. 1 rote Paprikaschote. 150 ml Kokosmilch. ½ TL rote Thai Curry-Paste. 1 TL Zitronengras (aus dem Glas). 2 EL Sojasauce. 2 EL Erdnussöl. 300 g Rindergulasch. Nach Geschmack Salz und Pfeffer.

Die Ananas schälen und in fingerdicke Würfel schneiden. Broccoli, Zuckerschoten, Sojasprossen und Paprika putzen und waschen. Die Sojasprossen gut abtropfen lassen. Die Broccoliröschen vom Strunk schneiden, den Strunk in Scheiben schneiden. Die Paprika in Streifen schneiden. Kokosmilch, Curry-Paste, Zitronengras, Sojasauce, Salz und Pfeffer in einer Tasse gut verrühren. 1 EL Öl im Wok erhitzen, das Rindergulasch darin rundum scharf anbraten. Auf das kleine Wok-Gitter heben. Erneut 1 EL Öl erhitzen. Die Paprika und die Broccolischeiben 5 Minuten pfannenrühren. Die Broccoliröschen dazugeben, anbraten und das Gemüse auf das Gitter heben. Zuckerschoten und Sojasprossen im Wok 2 Minuten im heißen Fett pfannenrühren. Die Ananasstücke dazugeben und kurz mitgaren. Fleisch und das übrige Gemüse wieder in den Wok geben. Die Würzsauce darüber gießen und unter Rühren alles einmal kurz aufkochen lassen. Sofort servieren.

1 Portion Thailändisches Rindercurry (686 g): ca. 615 kcal, 59 g Eiweiß (39E%), 35 g Fett (40E%), 32 g Kohlenhydrate (21E%). Dieses Hauptgericht liefert 112 kcal pro 100 g.

Kosten: Pro Portion etwa 8,55 Euro.

SEITE 145

4 FÜR

Zwiebel-Schwein mit Ricotta-Pilz-Klößen. 300 g Ricotta (oder Frischkäse der Vollfettstufe). 1 Ei. 1 Eiweiß. 45 g geriebener Parmesan. 30 g Weizenmehl. 20 g fein gemahlene Mandeln. 150 g Champignons. 3 TL Rapsöl. 1 Stängel Blattpetersilie. 1 Rotkohl. 2 kleine Äpfel (Boskop oder Pink Lady, etwa 300 g). 4 Schweinekoteletts oder Schweineschnitzel à 150 g. 1 kg Speisezwiebeln. 1 EL Olivenöl. 100 ml Wasser. 2 TL Honig (oder Honig). 3 EL Orangensaft. 3–4 Lorbeerblätter. 2–3 EL dunkler Balsamessig (Aceto balsamico). Mehl. Nach Geschmack Salz, Pfeffer und Muskatnuss.

Den Ricotta mit Ei und Eiweiß, geriebenem Parmesan, Mehl und den gemahlenen Mandeln zu einem glatten Kloßteig verrühren. Diesen auf ein feuchtes Geschirrtuch geben und fest einrollen. Im Kühlschrank 2 Stunden ruhen lassen. Dann eine Auflaufform dünn mit Mehl ausstäuben. Die Champignons putzen und sehr fein würfeln. In 1 TL Öl anbraten. Mit Salz, Pfeffer und Muskatnuss würzen. Die Petersilie kalt abbrausen, trocken schütteln und sehr fein hacken. Unter die Champignons mischen. Abkühlen lassen, anschließend die Flüssigkeit gut ausdrücken. Die Hände mit Mehl bestäuben, in eine Hand etwa 1/6 Kloßteig geben und glatt drücken. 1 EL der Champignons darauf geben, den Teig darüber zusammenklappen und daraus einen schönen, runden Kloß formen. Die Hände zwischenzeitlich immer wieder mit etwas Mehl bestäuben, damit die Klöße nicht an den Händen kleben. Die Klöße in die Form legen und erneut im Kühlschrank ruhen lassen. Den Rotkohl von den äußeren Blättern befreien, den holzigen Strunk wegschneiden. Mit einem großen Messer halbieren und dann in feine Streifen schneiden. Die Äpfel schälen, das Kerngehäuse entfernen und in dicke Spalten schneiden. 2 TL Rapsöl in einer großen beschichteten Pfanne erhitzen. Die Äpfel kurz darin anbraten. Den Rotkohl dazugeben und bei geschlossenem Deckel und schwacher Hitzezufuhr etwa 30 Minuten schmoren. Währenddessen das Schweinefleisch beidseitig mit Salz und Pfeffer würzen. Die Zwiebeln abziehen und in Ringe schneiden. In einer großen Pfanne 1 EL Olivenöl erhitzen. Die Zwiebeln darin 2 Minuten pfannenrühren. Mit Salz würzen. Mit 100 ml Wasser ablöschen und die Hitzezufuhr reduzieren. Das Fleisch auf das Zwiebelbett legen und bei geschlossenem Deckel 30 Minuten garen. Nach 30 Minuten Garzeit den Honig und Orangensaft, die Lorbeerblätter, den Essig und etwas Salz unter das Rotkraut rühren und dieses weitere 15 Minuten schmoren. In einem großen Topf Wasser zum Kochen bringen. Salzen und die Klöße mit einem Löffel ins kochende Wasser setzen. Bei schwacher Hitze gar ziehen lassen. Wenn sie an der Oberfläche schwimmen, noch weitere 3 Minuten im Kochwasser ziehen lassen, dann herausnehmen. Mit dem Rotkohl und dem Schweinefleisch im Zwiebelbett servieren.

1 Portion Zwiebel-Schwein mit Ricotta-Pilz-Klößen: (800 g): ca. 640 kcal, 54 g Eiweiß (35E%), 32 g Fett (44E%), 34 g Kohlenhydrate (21E%). Dieses Hauptgericht liefert nur 80 kcal pro 100 g.

Kosten: Pro Portion etwa 3,50 Euro.

SCHWEIN.
VIELSEITIG, AROMATISCH.

Zu diesem Gericht weiß Franca Mangiameli eine kurze Geschichte zu erzählen:

Es ist am 29. Juni 2008 entstanden, dem Tag des EM-Fußballfinales. Deutschland spielte gegen Spanien. Nicolai und Heike schauten sich ganz angespannt und doch euphorisch das Endspiel an, während ich mich in der Küche austobte, um das EM-Sieger-Essen zu zaubern. Wir waren alle drei überzeugt, dass Deutschland gewinnen wird. Die Enttäuschung war umso größer, als Spanien siegte. Zumindest aber konnte ich mit meinem EM-Essen wenigstens eine kulinarische Freude bereiten. Wir tauften das Gericht zu Ehren »unserer Mannschaft« scherzhaft Zwiebel-Schweini mit Ricotta-Pilz-Klose.

SEITE 147

Dieses exotische Rezept stammt von Bea Bussemer aus München, die LOGI vor zwei Jahren durch ein Seminar kennenlernte. »Früher war ich nach dem Kantinenessen müde und schlapp. Heute lasse ich die ‚Schlappmacher-Beilagen' wie Kartoffeln oder Nudeln links liegen, bestelle dafür ‚Muntermacher' wie Gemüse sowie Salat. Und anstelle von Gummibärchen und Keksen liegen nachmittags Nüsse griffbereit. So kann ich meinen Büroalltag besser meistern.«

2 FÜR

Schweinefilets nach indischer Art. **400 g Schweinefilet. 1 große Birne (etwa 200 g). 150 g Mango (geschält gewogen). 200 g Möhren. 1 Chilischote. 1 EL Rapsöl. 100 ml Kokosmilch. 20 ml süß-saure Chilisauce. ½ TL Currypulver scharf. Nach Geschmack Salz und Pfeffer.**

Die Schweinefilets in daumendicke Medaillons schneiden. Die Birne schälen, vierteln, das Kerngehäuse herausschneiden und die Birnenspalten quer in Scheiben schneiden. Die Mango in Stücke ähnlicher Größe schneiden. Die Möhren putzen, waschen, längs halbieren und in dünne Scheiben schneiden. Die Chili waschen und in feine Ringe schneiden (dabei am besten Handschuhe tragen, siehe Seite 44). Das Rapsöl in einer beschichteten Pfanne erhitzen. Die Medaillons darin rundum scharf anbraten. Die Möhren dazugeben und bei reduzierter Hitzezufuhr 5 Minuten mitbraten. Birne, Mango und Chili ebenfalls zufügen, etwa 1 Minute pfannenrühren. Die Kokosmilch mit der Chilisauce, Currypulver, Salz und Pfeffer verrühren. Alles in der Pfanne noch einmal aufkochen lassen und servieren.

1 Portion Schweinefilets nach indischer Art (541g): ca. 480 kcal, 48 g Eiweiß (42E%), 20 g Fett (36E%), 29 g Kohlenhydrate (22E%). Dieses Hauptgericht liefert 105 kcal pro 100 g.

Kosten: Pro Portion etwa 3,35 Euro.

SCHWEIN. VIELSEITIG, AROMATISCH.

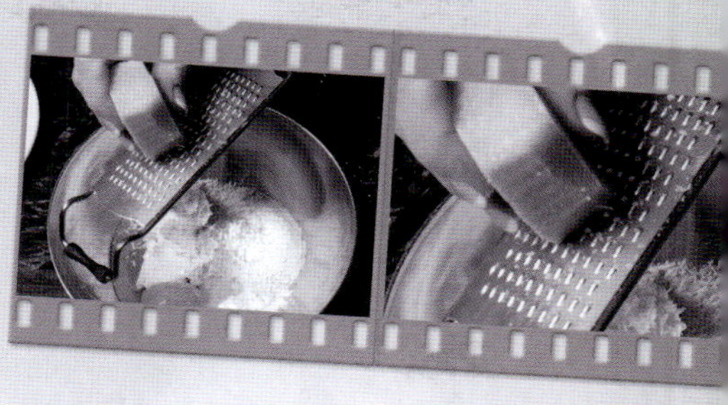

2 FÜR

Parmesanspargel mit Nussbutter und Schinken. **800 g weißer Spargel. 1 EL Zitronensaft. 60 g Butter. 15 g Mandelblättchen. 15 g Haselnussblättchen. 1 TL Honig. 20 g geriebener Parmesan. 150 g gekochter Schinken in hauchdünn geschnittenen Scheiben.**

Den Backofen auf 180° (Umluft 160°) vorheizen. Den Spargel waschen, mit Ausnahme der Spargelspitze schälen und die holzigen Enden abschneiden. Jeweils die Hälfte des Spargels mit Küchengarn zu Bündeln zusammenbinden. In einem hohen Topf oder in einem speziellen Spargeltopf Wasser zum Kochen bringen. Leicht salzen und den Zitronensaft hineingeben. Den Spargel darin 10 Minuten bei mittlerer Hitze garen, wobei die Spargelspitzen 2 cm aus dem Wasser herausragen sollten. Sie dürfen nicht im Wasser garen. Inzwischen die Butter in einem kleinen Topf bei mittlerer Hitze zerlassen. Die Mandel- und Haselnussblättchen in der geschmolzenen Butter bräunen. Mit dem Honig würzen. Eine Auflaufform dünn mit Butter einfetten. Die Spargelbündel abtropfen lassen und hineinlegen. Mit Parmesan bestreuen und im vorgeheizten Ofen gratinieren. Den Spargel ohne Küchengarn auf 2 Tellern anrichten. Mit der Nussbutter und dem gekochten Schinken servieren.

1 Portion Parmesanspargel mit Nussbutter und Schinken (534 g): ca. 530 kcal, 27 g Eiweiß (21E%), 42 g Fett (69E%), 13 g Kohlenhydrate (10E%). Dieses Hauptgericht liefert 100 kcal pro 100 g.

Kosten: Pro Portion etwa 3,50 Euro.

Dieses Gericht ist eines der Lieblingsgerichte von Nicolai Worm. Und zwar seit seiner Kindheit: Seine Mutter, die noch mit der Esskultur der österreich-ungarischen Monarchie groß geworden ist, hat es auf seinen Wunsch hin zu vielen besonderen und auch weniger besonderen Anlässen zubereitet.

FÜR 2 **Szegediner Gulasch.** 300 g Schweinegulasch (kleine Würfel, mager). 1 EL Schweineschmalz. 3 Zwiebeln (etwa 300 g). 2 Knoblauchzehen. 1/2 TL Kümmel. 1–2 EL Paprikapulver edelsüß. 1/2 TL Paprikapulver rosenscharf. 125 ml Fleischbrühe. 100 g Tomatenmark. 1 Lorbeerblatt. 1 kleine Kartoffel. 400 g rohes, eingelegtes Sauerkraut. 100 g saure Sahne. Nach Geschmack Salz und Pfeffer.

Das Schmalz in einem Schmortopf erhitzen und das Fleisch darin bei starker Hitze rundum scharf anbraten. Zwiebeln und Knoblauch abziehen und fein würfeln. Die Zwiebeln zum Fleisch geben und einige Minuten mitbraten. Knoblauch, Kümmel und beide Sorten Paprika hinzufügen, unter Rühren kurz mitbraten. Mit der Fleischbrühe ablöschen. Das Tomatenmark und das Lorbeerblatt unterrühren. Das Gulasch mit Salz und Pfeffer würzen und zugedeckt etwa 40 Minuten bei schwacher Hitze schmoren lassen. Nach dieser Zeit die rohe Kartoffel schälen, waschen und fein reiben. Zusammen mit dem Sauerkraut unter das Gulasch ziehen. Das Gulasch weitere 40 Minuten schmoren lassen. Abschließend mit Pfeffer aus der Mühle und Salz würzen. Auf 2 Tellern anrichten und mit je einem Klecks saurer Sahne garnieren.

TIPP • TIPP • TI *Am besten gelingt das Gulasch, wenn das Fleisch zu Beginn in mehreren kleineren Portionen angebraten wird, um das Austreten von Fleischsaft gering zu halten. Wenn alle Portionen rundum angebraten sind, das gesamte Fleisch in den Schmortopf geben und das Gulasch wie beschrieben zubereiten. Dazu passt das Petersilienwurzelpüree von Seite 136.*

1 Portion Szegediner Gulasch (506 g): ca. 605 kcal, 50 g Eiweiß (34E%), 36 g Fett (55E%), 19 g Kohlenhydrate (11E%). Dieses Hauptgericht liefert 119 kcal pro 100 g.

Kosten: Pro Portion etwa 2,35 Euro.

SEITE 151

2 FÜR

Gefüllte Kohlrabi. 4 Kohlrabi. 2 Schalotten. 10 g Butter. 300 g magerer Schinkenspeck, gewürfelt. 100 g Sahne. Etwas Butter für die Form. 40 g geriebener Gouda. 100 ml Vollmilch (3,5% Fett). Nach Geschmack Salz, Pfeffer und Muskatnuss.

Den Backofen auf 180° (Umluft 160°) vorheizen. Die Kohlrabi schälen und im Ganzen in einen großen Topf geben, mit Wasser bedecken und dieses zum Kochen bringen. Salzen und in etwa 20 Minuten bei mittlerer Hitze bissfest garen. Wird der Kohlrabi zu lange gegart, zerfällt er bei der weiteren Verarbeitung. Jeweils das obere Viertel der Kohlrabi wie einen Deckel abschneiden. Den unteren Teil mit einem Teelöffel so aushöhlen, dass ein stabiler Boden stehen bleibt. Das ausgehöhlte Fruchtfleisch fein würfeln. Die Schalotten abziehen, fein würfeln. Die Butter in einer beschichteten Pfanne erhitzen. Die Schalotten darin andünsten. Den Speck hinzufügen und goldbraun anbraten. Die Sahne unterrühren, mit Salz, Pfeffer und Muskatnuss abschmecken. Eine feuerfeste Auflaufform dünn mit Butter einfetten. Den Kohlrabi mit der Speckmasse füllen und in die Form setzen. Mit dem geriebenen Gouda bestreuen. Für die Sauce das ausgehöhlte Kohlrabifleisch mit der Milch pürieren. Mit Pfeffer und Salz kräftig abschmecken. Die Kohlrabi mit der Sauce umgießen. Im Ofen in etwa 30 Minuten garen.

Tipp *Anstelle von Speck machen sich auch Thunfisch oder Fetakäse in der Füllung sehr gut.*

1 Portion Gefüllte Kohlrabi (585 g): ca. 495 kcal, 37 g Eiweiß (31E%), 32 g Fett (60E%), 15 g Kohlenhydrate (9E%). Dieses Hauptgericht liefert nur 85 kcal pro 100 g.

Kosten: Pro Portion etwa 3,75 Euro.

SCHWEIN.
VIELSEITIG, AROMATISCH.

2 FÜR

Deftige Pilzpfanne. 250 g Fleischwurst. 1 große Zwiebel. 2 Lauchstangen. 600 g Champignons. 1 EL Rapsöl. 100 g saure Sahne. Nach Geschmack Salz und Pfeffer.

Die Haut der Fleischwurst abziehen und die Wurst in fingerdicke Würfel schneiden. Die Zwiebel abziehen und in Ringe schneiden. Den Lauch putzen, waschen und die weißen und hellgrünen Teile in Ringe schneiden. Die Champignons putzen und in Scheiben schneiden. Das Rapsöl in einer beschichteten Pfanne erhitzen. Zwiebeln und Lauch bei mittlerer Hitze darin 5 Minuten braten. Die Champignons dazugeben und weitere 3 Minuten mitbraten. Die Fleischwurst untermischen und 1–2 Minuten pfannenrühren. Mit Salz und Pfeffer würzen. Die saure Sahne unterheben, auf der abgeschalteten Platte kurz erwärmen. Erneut abschmecken und servieren.

1 Portion Deftige Pilzpfanne (480 g): ca. 505 kcal, 31 g Eiweiß (24E%), 41 g Fett (70E%), 7 g Kohlenhydrate (6E%). Dieses Hauptgericht liefert 105 kcal pro 100 g.

Kosten: Pro Portion etwa 2,40 Euro.

2 FÜR

Broccoli-Blumenkohl-Auflauf mit Schinken. 300 g Broccoli (geputzt gewogen). 300 g Blumenkohl (geputzt gewogen). 1,5 l Gemüsebrühe. 120 g gekochter Schinken am Stück. 3 TL Pinienkerne. 3 Eier. 200 ml Vollmilch (3,5 % Fett). 40 g geriebener Parmesan. Etwas Butter zum Einfetten. Nach Geschmack Salz und Pfeffer.

Den Backofen auf 200° (Umluft 180°) vorheizen. Den Broccoli und den Blumenkohl putzen, waschen und in Röschen teilen. Die Gemüsebrühe zum Kochen bringen und alle Röschen darin bissfest garen. In ein Sieb gießen und gut abtropfen lassen. Die Pinienkerne in einer beschichteten Pfanne ohne Fett rösten bis sie duften. Die Eier mit der Milch verquirlen, mit Salz und Pfeffer würzen. Den Schinken würfeln. Eine Auflaufform dünn mit Butter einfetten. Die Kohlröschen darin verteilen. Mit Pfeffer würzen und gleichmäßig mit Schinken und Pinienkernen bestreuen. Mit der Eier-Milch übergießen und mit dem Parmesan bestreuen. Im vorgeheizten Ofen (Mitte) 25 bis 30 Minuten backen, bis die Eier-Milch gestockt ist.

1 Portion Broccoli-Blumenkohl-Auflauf mit Schinken (580 g): ca. 490 kcal, 44 g Eiweiß (36E%), 29 g Fett (52E%), 14 g Kohlenhydrate (12E%). Dieses Hauptgericht liefert nur 84 kcal pro 100 g.

Kosten: Pro Portion etwa 3,60 Euro.

AUS DEM FORUM • AUS D

Das Rezept für diese schnelle Hausmannskost stammt auch wieder von Rita G. aus Stuttgart, die damit ein typisches Gericht der deftigen deutschen Küche repräsentiert.

2 FÜR

Weißkrautsalat süß-sauer mit Kasseler. 1 junger Weißkohl oder Spitzkohl (etwa 500 g). 3 TL Rapsöl. 1 EL Weißweinessig. 2 TL Honig. 1 Zwiebel. 200 g Kasseler. ½ TL Kümmel. Nach Geschmack Salz und Pfeffer.

Die äußeren Blätter vom Kohl entfernen, den Weißkohl vierteln und den Strunk wegschneiden. Den Weißkohl quer in feine Streifen schneiden. In einem großen Topf 2 TL Öl erhitzen. Den Kohl hineingeben, etwa 200 ml Wasser, Salz und etwas Kümmel zufügen. Umrühren und im geschlossenen Topf 10 Minuten dünsten – je jünger das Kraut, desto kürzer ist die Garzeit! Mit Pfeffer, Essig sowie dem Honig abschmecken. Die Zwiebel abziehen, in Ringe schneiden. In einer beschichteten Pfanne 1 TL Öl erhitzen. Den Kasseler darin beidseitig anbraten. Die Zwiebel dazufügen und 2–3 Minuten mitdünsten. Den Kasseler mit dem warmen Weißkrautsalat servieren.

TIPP • TIPP • TI

Am besten schmeckt der Weißkrautsalat lauwarm. Zu einer sättigenden Mahlzeit wird das Gericht mit dem Petersilienwurzelpüree von Seite 136.

Kaufen Sie Kasselerkamm statt Kasselerkotelett, denn dieses Fleisch ist saftiger.

1 Portion Weißkrautsalat süß-sauer mit Kasseler (540 g): ca. 460 kcal, 47 g Eiweiß (42E%), 19 g Fett (41E%), 19 g Kohlenhydrate (17E%). Dieses Hauptgericht liefert nur 90 kcal pro 100 g.

Kosten: Pro Portion etwa 0,90 Euro.

Schweinefleisch ist zart rosa. Besonders gefragt ist das marmorierte, das heißt mit feinen Fettäderchen durchzogene Fleisch. Es entfaltet dank dieser Fettäderchen beim Braten ein intensiveres Aroma und mehr Geschmack! Zu den beliebtesten Teilstücken zählt der Nacken, aus dem Steak, Schnitzel oder Gulasch geschnitten werden. Koteletts werden bevorzugt zum Grillen verwendet. Das zarteste Teilstück ist das Filet, aus dem sich zum Beispiel Medaillons zaubern lassen. Der Schinken aus der Ober- und Unterschale wird gerne zu einem Braten verarbeitet. Schweinefleisch sticht durch seinen hohen Gehalt an Vitamin B_1 hervor – und das stärkt die Nerven.

Küchentipp: Wie auch Geflügelfleisch sollte Schweinefleisch immer gut durchgebraten werden. Anders als Rindfleisch sollte es nie blutig oder »medium« (rosafarben) serviert werden. Nicht durchgebratenes Schweinefleisch kann Parasiten wie Salmonellen enthalten, die unter Umständen zu Erkrankungen führen können.

Fleischfett ist besser als sein Ruf!

Fleischfett wird häufig fälschlicherweise mit ungesunden tierischen Fetten in Verbindung gebracht. Hier handelt es sich jedoch um einen Irrtum. Zum einen ist nicht jedes Fleischstück auch gleichzeitig fettreich, zum anderen ist vor allem Muskelfleisch sogar ein sehr mageres Lebensmittel! Und das wenige Fett kann sich durchaus sehen lassen, denn 50 bis 70 Prozent des Fettanteils stammen aus einfach und mehrfach ungesättigten Fettsäuren. Daneben ist Fleisch ein super Sattmacher, weil es rund 20 Prozent hochwertiges Eiweiß liefert.

FÜR 2

Heikes Bauernfrühstück. 400 g Petersilienwurzeln. 2 Zwiebeln. 6 Eier. 3 EL Milch. 2 EL Rapsöl. 100 g durchwachsener Schinkenspeck, gewürfelt. 2 Scheiben gekochter Schinken (etwa 60 g). 2 Gewürzgurken. Nach Geschmack Salz und Pfeffer.

Die Petersilienwurzeln schälen und in etwa 3 mm dicke Scheiben schneiden. Die Zwiebeln abziehen und würfeln. Die Eier mit der Milch, Salz und Pfeffer verquirlen. Das Rapsöl in einer beschichteten Pfanne erhitzen. Petersilienwurzeln und Zwiebeln darin bei mittlerer Hitze anbraten. Den Schinkenspeck kurz mitbraten. Mit Salz und Pfeffer leicht würzen. Das Gemüse in eine Pfannenhälfte schieben. 1 Scheibe gekochten Schinken auf der anderen Seite von beiden Seiten anbraten. Herausnehmen und mit der zweiten Scheibe genauso verfahren. Das Gemüse wieder gleichmäßig in der Pfanne verteilen, mit dem verquirlten Ei begießen und dieses bei niedriger Hitze stocken lassen. Das Bauernfrühstück mit dem Schinken belegen und die Gewürzgurken dazu reichen.

KOHLEN HYDRATE SPAREN

Petersilienwurzeln ersetzen die Kartoffeln. Der Kohlenhydrat-Spareffekt durch diesen Austausch macht bei einer Portion im Vergleich zum Originalrezept mit Kartoffeln ganze 62 Prozent Kohlenhydrate aus!

1 Portion Heikes Bauernfrühstück (657 g): ca. 605 kcal, 48 g Eiweiß (31E%), 39 g Fett (60E%), 14 g Kohlenhydrate (9E%). Dieses Hauptgericht liefert nur 92 kcal pro 100 g.

Kosten: Pro Portion etwa 3,00 Euro.

SCHWEIN.
VIELSEITIG, AROMATISCH.

SEITE 157

2 FÜR

Spaghetti Bolognese mit Möhrentagliatelle. **400 g Möhren. 1 rote Zwiebel. 1 EL Olivenöl. 200 g Rinderhackfleisch. 500 g passierte Tomaten. 1 EL Tomatenmark. 1 EL frisches Basilikum. 1 TL getrockneter Oregano. 70 g Spaghetti (Rohgewicht). 30 g geriebener Parmesan. Nach Geschmack Salz und Pfeffer.**

Die Möhren mit dem Sparschäler in dünne Streifen – ähnlich Bandnudeln – hobeln. Die Zwiebel abziehen, in kleine Würfel schneiden. Das Olivenöl in einer Pfanne erhitzen, die Zwiebeln darin glasig dünsten. Das Hackfleisch in der Pfanne scharf anbraten. Mit Salz und Pfeffer würzen. Die passierten Tomaten zugeben, mit dem Tomatenmark unterrühren. Mit Basilikum und Oregano würzen, mit Salz und Pfeffer abschmecken. Die Sauce 20 Minuten leise köcheln lassen. Inzwischen in einem großen Topf Wasser zum Kochen bringen. Salzen und die Spaghetti darin nach Packungsangaben bissfest garen. 3 Minuten vor Ende der Garzeit die Möhrenstreifen zu den Spaghetti geben und mitgaren. In ein Sieb gießen und mit kaltem Wasser abschrecken. Die Möhren-Spaghetti in einem tiefen Teller anrichten und mit der Bolognese übergießen. Mit geriebenem Parmesan servieren.

TIPP – TIPP

So können Sie Pasta auf LOGIsche Art genießen! Wer es gerne bunt mag, kann die Hälfte der Möhrenstreifen durch Zucchinistreifen ersetzen. Schmeckt übrigens auch als fleischlose Variante: Einfach das Rinderhack durch Sojaschnetzel ersetzen.

KOHLEN HYDRATE SPAREN

Die Pasta ganz oder zum Teil durch Gemüsestreifen ersetzen. Das hebt das Volumen und reduziert zugleich die Energiedichte. Auch für alle Eltern, die nicht wissen, wie sie ihre Kleinen animieren sollen, mehr Gemüse zu essen, sind Möhrentagliatelle eine prima Idee! Der Kohlenhydrat-Spareffekt ist enorm! Bei einer großen Portion dieser Spaghetti Bolognese sparen Sie ca. 70 Prozent Kohlenhydrate und 271 Kalorien gegenüber einer vergleichbaren Portion klassischer Spaghetti Bolognese ein.

1 Portion Spaghetti Bolognese mit Möhrentagliatelle (700 g): ca. 548 kcal, 33 g Eiweiß (25E%), 29 g Fett (47E%), 27 g Kohlenhydrate (28E%). Dieses Hauptgericht liefert nur 78 kcal pro 100 g.

Kosten: Pro Portion etwa 1,40 Euro.

HACKFLEISCH.
LOGI BESTENS IN FORM.

2
ÜR

Fruchtige Hackschnitte mit Joghurtsauce. **2 rote Äpfel (300 g, zum Beispiel Elstar, Cox Orange oder Gala). 10 g Butter. 300 g mageres Rinderhackfleisch. 1 TL Rapsöl. 150 g Vollmilchjoghurt. 1 EL Zitronensaft. 1 TL Sahnemeerrettich. Nach Geschmack Salz, Pfeffer und edelsüßes Paprikapulver. Apfelausstecher.**

Die Äpfel waschen und mit einem Apfelausstecher das Kerngehäuse entfernen. 1 Apfel schälen und würfeln. Diese Apfelstücke in einer Schüssel mit einem Pürierstab pürieren. Den zweiten Apfel quer in 1 cm dicke Scheiben schneiden. Die Butter in einer Pfanne erhitzen und die Apfelringe darin anbraten bis das Fruchtfleisch eine weichere Konsistenz erhält. Herausnehmen und warm stellen. Das Hackfleisch mit der Hälfte des Apfelpürees, Salz, Pfeffer und Paprikapulver gleichmäßig mischen. Das Rapsöl in einer Pfanne erhitzen. Aus der Hackmasse Hackschnitten von etwa 10 cm Länge und 5 cm Breite formen. Im heißen Öl von beiden Seiten kräftig anbraten, anschließend unter Wenden fertig braten. Die Apfelscheiben hinzugeben und bei geringer Hitze noch 2–3 Minuten mitbraten. Für die Sauce den Joghurt mit Salz, Pfeffer, Zitronensaft und Sahnemeerrettich verquirlen. Das übrige Apfelpüree unterrühren, die Sauce noch einmal abschmecken. Jedes Hacksteak mit Apfelscheiben belegen und mit der Joghurt-Meerrettich-Sauce servieren.

1 Portion Fruchtige Hackschnitte mit Joghurtsauce (370 g): ca. 490 kcal, davon 33 g Eiweiß (26E%), 31 g Fett (56E%), 19 g Kohlenhydrate (15E%). Dieses Hauptgericht liefert 133 kcal pro 100 g.

Kosten: Pro Portion etwa 1,20 Euro.

SEITE 159

Fingerfood - Essen ohne Besteck

Für 10 Hackbällchen

Asiatische Hackbällchen. 15 g Rosinen. 1 Bund frischer Koriander. 50 g frischer Ingwer. ½ Knoblauchzehe. 1 TL geröstetes Sesamöl. ½ TL Zitronengras (aus dem Glas). 1 TL scharfe Chilisauce. 100 g Tartar. 100 g Rinderhackfleisch. 1 Ei. 1 Eiweiß. 1 EL geröstete Sesamsaat. 3 TL Erdnussöl.

Die Rosinen heiß waschen, im warmen Wasser etwas quellen lassen. Den Koriander waschen, trocken schütteln, die groben Stiele entfernen und den Koriander fein hacken. Den Ingwer schälen und reiben, den Knoblauch abziehen und halbieren. Ingwer, die Hälfte des Korianders, Knoblauch, Sesamöl, Zitronengras und die scharfe Chilisauce fein pürieren, am besten in einem speziellen Kräuter- und Gewürzmixer. Tatar und Hackfleisch mit dem Ei, dem Eiweiß und dem restlichen Koriander gut verkneten. Die Rosinen trocken tupfen und halbieren. Rosinen, Sesam und die Marinade unter das Hackfleisch kneten. Zu etwa 10 kleinen Bällchen formen. Das Erdnussöl in einer Pfanne erhitzen. Die Bällchen darin rundherum anbraten, bei reduzierter Hitze fertig braten.

Tipp *Dazu passt sehr gut der Asiasalat von Seite 66 oder der Mango-Koriander-Chutney von Seite 157.*

1 Portion Asiatische Hackbällchen (3 Stück, 140 g): 257 kcal, 19 g Eiweiß (30E%),18 g Fett (61E%), 6 g Kohlenhydrate (9E%). Diese herzhaften Tapas liefern 194 kcal pro 100 g.

Kosten: Pro Portion etwa 1,60 Euro.

Dieses Gericht stammt von Gabriele Dreier aus Offenbach. »Als Gesundheitsexpertin lebe und lehre ich nach LOGI. Ich habe zwar keine Figurprobleme, werde aber in meiner Funktion als Apothekerin sowohl von Kunden als auch im Freundeskreis öfter um Rat gefragt, wenn es um Diäten und ums Abnehmen geht. Deshalb versuche ich, diesbezüglich immer gut informiert zu sein. Im Rahmen einer Apotheker-Fortbildung habe ich LOGI kennengelernt. Erfreut war ich darüber, dass LOGI genau meiner bisherigen Ernährungsweise entspricht: viel Gemüse, Salat, Fisch, Geflügel und wenig Kohlenhydrate. Nun weiß ich auch, warum ich im Vergleich zu anderen Frauen in meinem Alter viel und gut essen kann, ohne zuzunehmen. Das Geheimnis liegt an den wasser- und ballaststoffreichen Lebensmitteln, die satt machen, aber wenige Kalorien enthalten.«

FÜR 2

Schnelles Reitergericht. 1 mittelgroße Zwiebel. 1 EL Olivenöl. 300 g mageres Rinderhackfleisch. 1 säuerlicher Apfel (zum Beispiel Boskop, Granny Smith). 3 große Gewürzgurken (aus dem Glas). 3 EL Tomatenmark. 2 EL Meerrettich. 150 g Vollmilchjoghurt (3,5 % Fett). Nach Geschmack Salz und Pfeffer.

Die Zwiebel abziehen und fein würfeln. Das Öl in einer Pfanne erhitzen. Hackfleisch und Zwiebel darin anbraten, mit ½ Tasse Wasser ablöschen. Den Apfel schälen, das Kerngehäuse herausschneiden, das Fruchtfleisch in Scheiben schneiden. Die Gurken in dünne Scheiben schneiden. Apfel, Gurken und Tomatenmark zum Fleisch geben, alles mit Salz und Pfeffer würzen und bei mittlerer Hitze offen etwa 10 Minuten leise köcheln lassen. Den Meerrettich unterrühren und das Gericht weitere 5 Minuten garen. Den Joghurt unterrühren. Mit Salz und Pfeffer abschmecken.

TIPP *Dazu schmeckt Feldsalat sehr gut.*

1 Portion Schnelles Reitergericht (456 g): 522 kcal, 46 g Eiweiß (36E%), 29 g Fett (52E%), 18 g Kohlenhydrate (12E%). Dieses Hauptgericht liefert 114 kcal pro 100 g.

Kosten: Pro Portion etwa 1,50 Euro.

4 FÜR **Olivencreme.** 100 g schwarze entsteinte Oliven. 30 g Parmesan. 2 EL Frischkäse (Fettstufe) oder Ricotta. 1 EL Zitronensaft. 1 Knoblauchzehe. Nach Geschmack Salz und Pfeffer.

Die Oliven fein hacken. Den Parmesan, den Frischkäse und die Oliven in eine hohe Rührschüssel geben. Mit dem Zitronensaft beträufeln. Die Knoblauchzehe abziehen und auf die übrigen Zutaten pressen. Zu einer homogenen Creme pürieren. Mit Salz und Pfeffer abschmecken. Vor dem Servieren mindestens 1 Stunde im Kühlschrank durchziehen lassen.

TIPP • TIPP • TIPP

Da solche Cremes bei einer Ernährung nach LOGI weniger als Brotaufstrich verzehrt, sondern vielmehr als Dipp zu Gemüsesticks serviert werden, wird die hohe Energiedichte der Olivencreme durch das Gemüse »entschärft«.

Achten Sie beim Olivenkauf darauf, dass die Oliven nicht sauer eingelegt sind. Mit grünen Oliven schmeckt die Creme auch gut.

1 Portion Olivencreme (30 g): ca. 85 kcal, 3 g Eiweiß (13E%), 8 g Fett (85E%), 1 g Kohlenhydrate (2E%). Diese Creme liefert 279 kcal pro 100 g.

Kosten: Pro Portion etwa 0,39 Euro.

2 FÜR **Scharfer Hüttenkäse.** 5 Cocktailtomaten. 2 Lauchzwiebeln. 200 g Hüttenkäse (20% Fett i. Tr.). 1 EL Olivenöl. Nach Geschmack Salz, Pfeffer und getrocknetes Basilikum.

Die Tomaten und Lauchzwiebeln waschen, putzen und fein würfeln. Mit dem Hüttenkäse mischen. Olivenöl, Basilikum, Salz und Pfeffer hinzufügen und alles gut verrühren.

TIPP

Der eiweißreiche Hüttenkäse hat einen geringen Eigengeschmack, sodass man ihn sowohl würzig als auch süß mit Obst zubereiten kann.

1 Portion Scharfer Hüttenkäse (175 g): ca. 170 kcal, 13 g Eiweiß (31E%), 10 g Fett (54E%), 6 g Kohlenhydrate (15E%). Diese Creme liefert nur 98 kcal pro 100 g.

Kosten: Pro Portion etwa 1,65 Euro.

2 FÜR

Apfel-Ingwer-Dip. **2 säuerliche Äpfel (zum Beispiel Boskop, ca. 300 g). 1 TL brauner Zucker. 1 EL Weißwein. 1 Chilischote. ½ EL frisch geriebener Ingwer. 1 EL Zitronensaft. Nach Geschmack Chilipulver.**

Die Äpfel schälen, das Kerngehäuse herausschneiden. Das Fruchtfleisch würfeln und in einen hohen Rührbecher geben. Den Zucker und den Weißwein hinzufügen. Chili waschen und fein hacken. Je nach gewünschter Schärfe alles oder nur etwas davon unter die Apfelmischung heben. Den Ingwer schälen, reiben, mit dem Zitronensaft zu den Äpfeln geben. Alles fein pürieren. Nach Geschmack mit Chilipulver nachwürzen.

Tipp

Der Apfel-Ingwer-Dip passt gut zu den Chicken-Nuggets mit Mangosalat (siehe Seite 56).

1 Portion Apfel-Ingwer-Dip (50 g): ca. 40 kcal, 1 g Eiweiß (10E%), 1 g Fett (22E%), 6,6 g Kohlenhydrate (68E%). Dieser Dip liefert nur 64 kcal pro 100 g.

Kosten: Pro Portion etwa 0,15 Euro.

2 FÜR

Mango-Koriander-Chutney. **½ reife Mango (geputzt gewogen ca. 160 g). 1 EL Chilipulver. 1 EL frisch gehackter Koriander. Nach Geschmack Cayennepfeffer.**

Das Mangofruchtfleisch in Würfel schneiden und in einen kleinen Topf geben. 4 EL Wasser hinzufügen. Mit Chilipulver und Cayennepfeffer würzen. Unter gelegentlichem Umrühren kurz aufkochen und dann im offenen Topf etwa 20 Minuten auf niedrigster Stufe köcheln lassen. Hin und wieder umrühren. Bei Bedarf noch etwas Wasser hinzufügen. Das Mango-Koriander-Chutney ist fertig, wenn die Mangostückchen weich gekocht sind und die Sauce leicht eingedickt ist.

Zum Schluss den frischen Koriander zufügen.

Tipp Tipp

Das Mango-Koriander-Chutney in ein Marmeladenglas füllen und gut verschließen, so hält es sich noch bis zu vier Tagen im Kühlschrank.

Es schmeckt prima zum Sesamhühnchen auf Seite 122.

1 Portion Mango-Korinader-Chutney (50 g): ca. 30 kcal, < 1 g (7E%) Eiweiß, < 1 g (9E%) Fett, 6 g (84E%) Kohlenhydrate. Dieses Chutney liefert nur 60 kcal pro 100 g.

Kosten: Pro Portion etwa 0,90 Euro.

Cremig und lecker!

Für 2–3 Portionen

Lachsdip. **100 g geräucherter Lachs. 1 EL fein gehackter Dill. 2 EL Quark (20% F. i. Tr.). 2 EL Frischkäse (Fettstufe). 2 TL mittelscharfer Senf. 3 TL Meerrettich. 2 EL Zitronensaft. Nach Geschmack Salz und Pfeffer.**

Den Lachs würfeln. Lachs, Dill, Quark, Frischkäse, Senf, Meerrettich und Zitronensaft in einen hohen Rührbecher geben und pürieren. Mit Pfeffer abschmecken. In kleinere Dippschälchen umfüllen und servieren. Am Tisch nach Geschmack salzen.

Anstelle von Dill können Sie auch Schnittlauch verwenden. Nicht ganz so cremig aber dafür eiweißreicher wird der Dip, wenn Sie Magerquark verwenden.

1 Portion Lachsdip (50 g): ca. 55 kcal, 6 g Eiweiß (42E%), 3 g Fett (45E%), 2 g Kohlenhydrate (13E%). Dieser Dip liefert 112 kcal pro 100 g.

Kosten: Pro Portion etwa 0,48 Euro.

Wer Nicolai Worm kennt, weiß, dass er leicht ins Schwärmen gerät, wenn er von seiner heiß geliebten Mayonnaise erzählt. Nicht selten versetzt er seine Zuhörer ins Staunen, wenn er erklärt, warum Mayonnaise so gesund ist und wie positiv sich ihr Verzehr auf die Blutfette auswirkt. Dabei spricht er nicht von gekaufter Mayonnaise, die mit dem Original meist nur noch den Namen gemein hat, sondern von selbst gemachter. Auch in Vorträgen befragt er sein Publikum gerne, was an Mayonnaise ungesund sein soll. »Sie besteht doch nur aus hochwertigen Fetten und bestem Eiweiß!« Recht hat er, und schmecken tut sie auch noch! So wird eine gute Mayonnaise mit 70 Prozent hochwertigen einfach ungesättigten Fettsäuren hergestellt.

INFO · INFO · INFO · INFO · INFO · INFO · INFO · INFO · INFO ·

4 FÜR

Mayonnaise und Aioli. 2 Eigelbe (zimmerwarm). 1 Prise Salz. 1 Prise Pfeffer. 2 EL Zitronensaft. 1 TL Dijon-Senf. 250 ml Oliven- oder Rapsöl.

Die Eigelbe mit Salz, Pfeffer, Zitronensaft und Senf mit einem Schneebesen (oder in der Küchenmaschine) cremig schlagen. Diese Creme einige Minuten ruhen lassen. Das Öl zunächst tröpfchenweise und unter ständigem Rühren zur Creme geben. Diese Achtsamkeit ist ganz entscheidend fürs Gelingen! Erst wenn Sie das Gefühl haben, dass die Creme anfängt zu emulgieren, können Sie das restliche Öl in feinem Strahl – nach wie vor vorsichtig und unter ständigem Rühren – zugießen.

Variante Aioli (Knoblauchmayonnaise):

Die klassische Aioli wird ohne Eigelb zubereitet. Mit Eigelb ist das Gelingen aber besonders für Ungeübte einfacher.

2–3 Knoblauchzehen (je nach Geschmack) durch die Knoblauchpresse drücken. Mit Salz, Pfeffer, Zitronensaft und Senf mit einem Schneebesen (oder in der Küchenmaschine) cremig schlagen. Diese Creme einige Minuten ruhen lassen. Das Öl zunächst tröpfchenweise und unter ständigem Rühren zur Creme geben (siehe oben). Wenn die Creme anfängt zu emulgieren, das restliche Öl in feinem Strahl – nach wie vor vorsichtig und unter ständigem Rühren – zugießen. Je länger die Aioli durchziehen kann, desto besser schmeckt sie. Aioli passt gut zu gegrilltem Fisch und Fleisch.

Damit die Mayonnaise auch gelingt, müssen alle Zutaten die gleiche Temperatur, am besten Raumtemperatur, haben! Sonst kann die Creme gerinnen. Die Eier deswegen rechtzeitig aus dem Kühlschrank nehmen!

1 Portion Mayonnaise (15 g): ca. 110 kcal, < 1 g Eiweiß (1E%), 10 g Fett (98E%), <1 g Kohlenhydrate (1E%). Dieser Dip liefert 741 kcal pro 100 g.

Kosten: Pro Portion etwa 0,05 Euro.

Hackfleischbrot

Kokosbrötchen

Ergibt 10 Scheiben

Hackfleischbrot. 1 Zwiebel. 500 g gemischtes Hackfleisch. 100 g geriebener Emmentaler. 2 Eier. 4 EL Weizenmehl. 1 EL Rapsöl. Nach Geschmack Salz und Pfeffer.

Die Zwiebel abziehen und in sehr kleine Würfel schneiden. Das Hackfleisch mit der Zwiebel, Käse, Eiern, Mehl, Salz und Pfeffer gut verkneten. Mit einem Pürierstab fein pürieren. Den Hackfleischteig wie einen Brotlaib formen. Das Öl in einer großen Pfanne erhitzen. Das Hackfleisch darin bei mittlerer Hitze von allen Seiten anbraten und bräunen lassen. Nach rund 10 Minuten 100 ml Wasser angießen. Das Hackfleischbrot noch eine halbe Stunde bei schwacher Hitze garen. Dabei immer wieder wenig Wasser angießen (insgesamt noch bis zu 200 ml) und den Laib wenden. Erkalten lassen und das Hackfleischbrot in Scheiben schneiden.

Tipp *Dieses Hackfleischbrot können Sie wie jedes herkömmliche Brot mit Frischkäse, Tomaten, Gurken und Kräutersalz belegen.*

KOHLENHYDRATE SPAREN *Hackfleisch statt Mehl macht einen beachtlichen Kohlenhydrat-Spareffekt aus! Jede Scheibe Hackfleischbrot spart gegenüber einer vergleichbaren Portion Vollkornbrot 90 Prozent Kohlenhydrate ein.*

1 Scheibe Hackfleischbrot (50 g): ca. 110 kcal, 10 g Eiweiß (42E%), 6 g Fett (51E%), 3 g Kohlenhydrate (7E%). Dieses Brot liefert 218 kcal pro 100 g.

Kosten: Pro Laib etwa 3,80 Euro.

TEIGWAREN.
PIZZA, PASTA, BROT? JA!

Ergibt etwa 8 Brötchen

Kokosnussbrötchen. **6 Eier. 100 g weiche Butter. ½ TL Salz. 1 EL Honig. 85 g Kokosnussmehl. 1 TL Backpulver. Backpapier.**

Den Backofen auf 180° (Umluft 160°) vorheizen. Ein Backblech mit Backpapier belegen. Die Eier mit der Butter cremig rühren. Salz und Honig einrühren. Kokosnussmehl und Backpulver mischen und mit den Knethaken des Handrührgeräts portionsweise einarbeiten. Den Teig gut kneten. Aus der Teigmasse 7–9 Brötchen formen und auf das Backblech setzen. Mit einem Messer kreuzweise einschneiden. Im vorgeheizten Ofen (Mitte) etwa 25 Minuten backen.

TIPP • TIPP • TIPP • TIPP

Kokosnussmehl führen mittlerweile die meisten Reformhäuser und Bioläden. In jedem Fall können Sie es dort bestellen. Da Kokosnussmehl geschmacklich eine süße Note hat, schmecken die Brötchen mit Quark oder Frischkäse und frischen Früchten (zum Beispiel Erdbeeren) besonders gut.

Sie mögen es lieber deftig, mit Wurst und Käse? Dann verzichten Sie auf die Beigabe des Honigs.

INFO • INFO • INFO • INFO

Wegen der hohen Energiedichte der Brötchen sollten Sie »leichten« Belag bevorzugen. Wir empfehlen zum Beispiel Schinken, Putenbrust oder Hüttenkäse. Trinken Sie dazu reichlich Wasser, damit die Ballaststoffe auch ihre Wirkung als Verdauungsförderer entfalten können.

Ein Kokosnussbrötchen liefert etwas mehr Energie als ein Weizenbrötchen. Doch das ist nur ein Aspekt: Der um 45 Prozent höhere Ballaststoffgehalt, der um 43 Prozent höhere Eiweißanteil sowie der geringe Kohlenhydratanteil machen das Kokosbrötchen im Vergleich zu einem Vollkornbrötchen zu einem super Sattmacher!

KOHLENHYDRATE SPAREN

Mit Kokos- anstelle von Weizenmehl liefern diese Brötchen trotz Honig nahezu keine Kohlenhydrate. Der Kohlenhydratgehalt des Kokosmehls liegt bei nur vier Gramm pro 100 Gramm, während Weizenmehl 70 Gramm je 100 Gramm liefert. Pro Brötchen macht das einen Kohlenhydrat-Spareffekt von 92 Prozent der Kohlenhydrate im Vergleich zu einem Vollkornbrötchen aus. Konkret: zwei Gramm Kohlenhydrate statt 26 Gramm pro Brötchen.

1 Kokosnussbrötchen (60 g): ca. 160 kcal, 7 g Eiweiß (18E%), 15 g Fett (78E%), 2 g Kohlenhydrate (4E%). Diese Brötchen liefert 267 kcal pro 100 g, vergleichbar mit einem normalen Vollkornbrötchen.

Kosten: Pro Brötchen etwa 0,35 Euro.

Ergibt etwa 10 Scheiben

LOGI-Brot. **150 g Magerquark. 3 Eier. 50 g gemahlene Mandeln. 50 g geschroteter Leinsamen. 2 EL Weizenkleie. 1 EL Mehl. ½ Päckchen Backpulver. ½ TL Salz. 1 EL Sonnenblumenkerne. Etwas Butter zum Einfetten. Brotbackform (etwa 21 cm, für Brote bis 500 g).**

Den Backofen auf Umluft 150° vorheizen und diese Temperatur 15 Minuten halten, bevor das Brot in den Ofen kommt. Die Brotbackform dünn mit Butter einfetten. Quark und Eier verrühren. Mandeln, Leinsamen, Weizenkleie, Mehl, Backpulver und Salz mischen und unterrühren. Den Teig 5 Minuten ruhen lassen. In die Backform geben und glatt streichen. Gleichmäßig mit den Sonnenblumenkernen bestreuen. Im vorgeheizten Ofen (Mitte) 40 Minuten backen. Anschließend auskühlen lassen.

TIPP TIPP

Nehmen Sie von den Zutaten die doppelte Menge. Fügen Sie Schinkenwürfel, Möhren, getrocknete Tomaten, Oliven oder Kräuter hinzu. Das LOGI-Brot schmeckt in vielen Variationen. Noch mehr Geschmack entfaltet das Brot, wenn Sie die Scheiben toasten.

KOHLEN HYDRATE SPAREN

Durch den Austausch von Mehl durch Quark und gemahlene Mandeln sparen Sie 80 Prozent Kohlenhydrate ein. Leinsaat und Kleie erhöhen den Ballaststoffgehalt um 100 Prozent. Bei diesem Kohlenhydrat-Spareffekt wird das Brot zum LOGI-Brot! Eine dünne Scheibe Vollkornbrot (30 Gramm) liefert elf Gramm Kohlenhydrate und zwei Gramm Ballaststoffe. Eine Scheibe LOGI-Brot liefert mit vier Gramm 86 Prozent weniger Kohlenhydrate, dafür aber doppelt so viele Ballaststoffe. Und das macht für Stunden satt!

1 Scheibe LOGI-Brot (30 g): ca. 65 kcal, 5 g Eiweiß (29E%), 4 g Fett (57E%), 2 g Kohlenhydrate (14E%). Dieses Brot liefert 205 kcal pro 100 g.

Kosten: Pro Laib etwa 3,00 Euro.

TEIGWAREN.
PIZZA, PASTA, BROT? JA!

SEITE 169

2 FÜR

Gratinierte Teigrollen mit Ricotta-Spinat-Füllung. **250 g TK-Blattspinat. 120 ml Vollmilch (3,5 % Fett). 2 Eier. 25 g Weizenmehl. 25 g fein gemahlene Mandeln. 1 TL Rapsöl. 1 Zwiebel. 1 TL Olivenöl. 1 kleine Dose geschälte Tomaten (400 g). 1 EL Tomatenmark. 150 g Ricotta. 20 g geriebener Parmesan. ½ TL getrockneter Oregano. ½ TL getrocknetes Basilikum. 2 TL Butter. Nach Geschmack Salz und Pfeffer.**

Den Spinat in einem Sieb auftauen lassen. Die Milch mit den Eiern verquirlen. Mehl und gemahlene Mandeln mischen und nach und nach unter Rühren zugeben. Das Rapsöl und 1 Prise Salz unterrühren. Den Teig 10–15 Minuten quellen lassen. Den Backofen auf 180° (Umluft 160°) vorheizen. Die Zwiebel abziehen und fein würfeln. Das Olivenöl in einer beschichteten Pfanne erhitzen. Die Zwiebel darin glasig dünsten. Die geschälten Tomaten und das Tomatenmark dazugeben. Mit Oregano, Basilikum, Salz und Pfeffer würzen und offen 10 Minuten bei schwacher Hitze einkochen lassen. Den aufgetauten Spinat gut ausdrücken, die Blätter etwas kleiner schneiden. Spinat und Ricotta mischen und mit Salz und Pfeffer würzen. ½ TL Butter in einer beschichteten Pfanne zerlassen. 2 EL Pfannkuchenteig hineingeben und die Unterseite bei schwacher Hitze ausbacken. Sobald diese goldgelb gebacken ist, die Pfanne von der Herdplatte nehmen. 2 EL Spinat-Ricotta-Masse gleichmäßig auf der noch ungebackenen Seite des Pfannkuchens verteilen. Den Pfannkuchen einrollen, aus der Pfanne heben und quer dritteln. Auf die gleiche Weise noch drei Pfannkuchen ausbacken, füllen und dritteln. Eine Auflaufform dünn einfetten. Die Tomatensauce eingießen und die Teigröllchen hineinsetzen. Mit dem geriebenen Parmesan bestreuen. Im vorgeheizten Ofen 7–10 Minuten gratinieren.

Tipp *Die Mandeln gegebenenfalls erneut vermahlen, sodass sie wirklich staubfein sind. Anstelle des Ricottas können Sie auch Schafskäse verwenden.*

1 Portion Gratinierte Teigrollen mit Ricotta-Spinat-Füllung (507 g): ca. 525 kcal, 29 g Eiweiß (24E%), 37 g Fett (62E%), 18 g Kohlenhydrate (14E%). Dieses Hauptgericht liefert 104 kcal pro 100 g.

Kosten: Pro Portion etwa 2,15 Euro.

SEITE 171

4 FÜR **Auberginen-Lasagne.** 2 kleine Auberginen. 1 rote Zwiebel. 3 TL Olivenöl. 150 g gemischtes Hackfleisch. 250 g Tomatenpüree. 250 g geschälte Tomaten aus der Dose. 1 EL Tomatenmark. 1 TL getrockneter Oregano. 10 frische Basilikumblättchen. 60 g Parmesan. 90 g Mozzarella. 100 g Kichererbsenmehl. 150 ml Vollmilch (3,5 % Fett). 50 ml eiskaltes Wasser. 3 Eier. 1 EL Butter. Nach Geschmack Salz und Pfeffer. Backpapier.

Den Backofen auf 180° (Umluft 160°) vorheizen. Ein Backblech mit Backpapier belegen. Die Auberginen waschen, putzen, längs in dünne Scheiben schneiden. Beidseitig salzen und auf das Backblech legen. Im vorgeheizten Ofen auf jeder Seite etwa 7 Minuten backen beziehungsweise bis sie weich werden. Inzwischen die Zwiebel abziehen und fein würfeln. 2 TL Olivenöl in einer beschichteten Pfanne erhitzen. Die Zwiebel darin glasig dünsten. Das Hackfleisch dazugeben und 10 Minuten krümelig braten. Mit Salz und Pfeffer würzen. Tomatenpüree, geschälte Tomaten und Tomatenmark unterrühren. Die Sauce mit Salz, Pfeffer, Oregano und Basilikumblättchen würzen. Bei schwacher Hitze in 15 Minuten offen einkochen lassen. Währenddessen hin und wieder umrühren.

Inzwischen den Parmesan reiben und den Mozzarella in kleine Würfel schneiden. Eine Auflaufform dünn mit Butter einfetten. Das Kichererbsenmehl mit der Milch und dem Wasser klumpenfrei verrühren. Die Eier verquirlen und unterziehen. Öl und ½ TL Salz einrühren. Eine beschichtete Pfanne mit etwas Butter (oder Öl) ausstreichen und erhitzen. Eine kleine Kelle Pfannkuchenteig in die Pfanne geben und bei schwacher Hitze den Pfannkuchen auf beiden Seiten backen. Vorsicht: Ist die Temperatur zu hoch, wird der Pfannkuchen außen schnell dunkel und innen weich. Auf diese Weise noch 3–4 Pfannkuchen ausbacken. Die Pfannkuchen halbieren. Etwas Tomatensauce in die Auflaufform geben. Mit der Hälfte der Auberginenscheiben bedecken, diese dabei leicht überlappen lassen. Wieder Tomatensauce darauf verteilen. Überlappend 4 Pfannkuchenhälften darauf verteilen und mit Tomatensauce begießen. Mit etwas Parmesan bestreuen. Jetzt die Schichten wiederholen: je 1 Schicht Auberginenscheiben, Tomatensauce, Pfannkuchenhälften. Darauf etwas Parmesan und dann alles mit der restlichen Tomatensauce bedecken. Mit dem restlichen Parmesan und Mozzarella bestreuen. Die Lasagne im Ofen (Mitte) etwa 10 Minuten gratinieren, bis der Käse goldbraun wird.

KOHLENHYDRATE SPAREN

Die Lasagne-Blätter aus Hartweizengrieß werden durch LOGI-Pfannkuchen und Auberginenscheiben hervorragend ersetzt. Statt Auberginen könnte man auch Mangold verwenden. Eine vergleichbare Portion Lasagne »originale« liefert 42 g mehr Kohlenhydrate.

1 Portion Auberginen-Lasagne (540 g): ca. 500 kcal, 33 g Eiweiß (27E%), 31 g Fett (54E%), 24 g Kohlenhydrate (19E%). Dieses Hauptgericht liefert nur 93 kcal pro 100 g.

Kosten: Pro Portion etwa 1,65 Euro.

TEIGWAREN.
PIZZA, PASTA, BROT? JA!

SEITE 173

2 FÜR

Kässpätzle. 120 g Kichererbsenmehl. 400 ml eiskaltes Wasser. 1 EL Olivenöl. 3 TL Butter zum Ausbacken. 150 g Zwiebeln. 40 g geriebener Emmentaler. Nach Geschmack Salz und Pfeffer.

Den Backofen auf 180° (Oberhitze) vorheizen. Das Kichererbsenmehl mit dem Wasser klumpenfrei verrühren. Olivenöl und ½ TL Salz unterrühren. Eine beschichtete Pfanne mit etwas Butter ausstreichen und erhitzen. Eine kleine Kelle Pfannkuchenteig in die Pfanne geben und bei schwacher Hitze auf beiden Seiten ausbacken. Auf diese Weise 4–5 Pfannkuchen ausbacken. Inzwischen die Zwiebeln abziehen und in Ringe schneiden. Eine zweite Pfanne mit 1 TL Butter auspinseln. Die Zwiebeln darin braten, bis sie Farbe annehmen. Eine Auflaufform dünn mit Butter einfetten. Die Pfannkuchen jeweils einmal längs und dreimal quer zu »Spätzle« zerschneiden und in die Auflaufform geben. Mit Salz und Pfeffer würzen. Die Zwiebeln und den Emmentaler darauf verteilen. Im vorgeheizten Ofen (oben) etwa 7 Minuten backen, bis der Käse goldbraun wird.

KOHLEN HYDRATE SPAREN

Diese LOGI-gerechten Spätzle weisen einen deutlichen Kohlenhydrat-Spareffekt auf. Verglichen mit einer Portion klassischer schwäbischer Käsespätzle sparen Sie 63 Prozent Kohlenhydrate und 50 Prozent der Kilokalorien ein.

1 Portion Käsespätzle (320 g): ca. 410 kcal, 19 g Eiweiß (19E%), 23 g Fett (48E%), 33 g Kohlenhydrate (33E%). Dieses Hauptgericht liefert 129 kcal pro 100 g.

Kosten: Pro Portion etwa 0,75 Euro.

Auch kalt ein Genuss.

6 FÜR **Hessischer Schmandkuchen.** 1 Blumenkohl. 125 g Frischkäse (Fettstufe). 125 g Ricotta. 25 g geriebener Parmesan. 30 g Kichererbsenmehl. 2 Eier. 1 TL Olivenöl. 125 g Speckwürfel. 1 große Zwiebel. 1 TL Butter und etwas Butter zum Einfetten. 200 g Schmand. 3 Eier. 1 schwach gehäufter EL Backmohn. Nach Geschmack Salz und Pfeffer.

In einem großen Topf Wasser zum Kochen bringen. Den Blumenkohl putzen, in Röschen teilen und waschen. Das Wasser salzen und die Blumenkohlröschen darin etwa 20 Minuten kochen. Den Backofen auf 180° (Umluft 160°) vorheizen. Frischkäse, Ricotta, Parmesan, Kichererbsenmehl und Eier zu einer glatten Creme verrühren. Das Olivenöl unterrühren. Mit Salz und Pfeffer abschmecken. Eine Quiche-/Tarteform (26 cm Durchmesser) dünn mit Butter einfetten. Die Käsecreme darin verstreichen und 10 Minuten im vorgeheizten Ofen (Mitte) backen. Inzwischen den Speck in einer beschichteten Pfanne ohne Fett auslassen. Die Zwiebel abziehen, fein würfeln. Den Speck aus der Pfanne heben und die Zwiebeln im Bratfett schwenken. Ebenfalls wieder herausnehmen. Den Blumenkohl in einem Sieb abtropfen lassen. Pürieren und mit Salz, Pfeffer und 1 TL Butter abschmecken. Den Schmand und die Eier unterrühren und erneut mit Salz und Pfeffer abschmecken. Die Blumenkohl-Creme gleichmäßig auf dem vorgebackenen Boden verteilen. Mit Mohn bestreuen. Darauf Speck und Zwiebeln verteilen. Den Schmandkuchen im Ofen (Mitte) noch 30 Minuten backen.

KOHLEN HYDRATE SPAREN

Normalerweise wird der Teig für einen hessischen Schmandkuchen aus Brotteig hergestellt. Für den Belag werden Schmand und Kartoffeln verwendet. LOGI-gerecht wird dieser Schmandkuchen durch Kichererbsenmehl und Frischkäse im Teig und Blumenkohl als Kartoffelersatz. Der Zutatenaustausch führt zu einem stolzen Kohlenhydrat-Spareffekt von 80 Prozent Kohlenhydrate pro Portion. Außerdem sparen Sie pro Portion noch 100 Kilokalorien.

1 Portion Hessischer Schmandkuchen (264 g): ca. 290 kcal, 18 g Eiweiß (27E%), 21 g Fett (62E%), 8 g Kohlenhydrate (11E%). Dieses Hauptgericht liefert 111 kcal pro 100 g.

Kosten: Pro Portion etwa 1,25 Euro.

3 FÜR

Cannelloni. 100 g Kichererbsenmehl. 150 ml Vollmilch (3,5 % Fett). 50 ml eiskaltes Wasser. 4 Eier. 3 TL Olivenöl. ½ TL Salz. 1 EL Butter. 1 Zwiebel. 2 kleine Möhren. 1 ½ kleine Dosen stückige Tomaten (600 g). 1 EL Tomatenmark. 150 g gemischtes Hackfleisch. 2 hauchdünne Scheiben Schinken (40 g). 80 g Mozzarella. 25 g geriebener Parmesan. 10 frische Basilikumblättchen. Nach Geschmack Salz und Pfeffer.

Das Kichererbsenmehl mit der Milch und dem Wasser klumpenfrei verrühren. Die Eier verquirlen und unterziehen. 1 TL Öl und Salz einrühren. Den Teig etwas quellen lassen und die Füllung zubereiten. Die Zwiebel abziehen und fein würfeln. Die Möhren putzen, waschen und fein raspeln. In einem kleinen Topf die Tomatenstücke bis auf 2 EL mit dem Tomatenmark zum Kochen bringen und offen 10 Minuten leise köcheln lassen. Währenddessen in einer beschichteten Pfanne 1 EL Öl erhitzen. Zwiebel und Möhren darin andünsten. Das Hackfleisch dazugeben und unter Rühren 3 Minuten mitbraten. 2 EL Tomatenstücke unterrühren, mit Salz und Pfeffer würzen. Bei schwacher Hitze offen 5 Minuten leise kochen lassen. Von der Herdplatte nehmen und etwas abkühlen lassen. Inzwischen den Backofen auf 180° (Umluft 160°) vorheizen. Den Schinken und den Mozzarella fein würfeln. Etwa 30 g Mozzarella mit dem Schinken und dem Ei unter die Hackfleischmasse mischen.

Eine beschichtete Pfanne mit etwas Butter (oder Öl) ausstreichen und erhitzen. Jeweils 1 kleine Kelle Pfannkuchenteig in die Pfanne geben und bei schwacher Hitze so 4–5 Pfannkuchen auf beiden Seiten ausbacken. Vorsicht: Ist die Temperatur zu hoch, werden die Pfannkuchen außen schnell dunkel und innen weich. Eine Auflaufform dünn mit Butter einfetten. Die fertigen Pfannkuchen mit Hackfleischmasse füllen. Vorsichtig einrollen und in die Auflaufform legen. Die Tomatensauce mit Salz und Pfeffer würzen. Mit Basilikum fein abschmecken und über die Cannelloni gießen. Alles mit geriebenem Parmesan und den restlichen Mozzarellawürfeln bestreuen. Im vorgeheizten Ofen (oben) 7–10 Minuten gratinieren.

KOHLEN HYDRATE SPAREN

LOGI-Pfannkuchen statt Röhrennudeln aus Hartweizengrieß sorgen hier für den Kohlenhydrat-Spareffekt: Eine Portion LOGI-Cannelloni liefert im Vergleich zu einer Portion traditioneller Cannelloni nicht nur weniger Energie, sondern auch 75 Prozent weniger Kohlenhydrate.

1 Portion Cannelloni (596 g): ca. 470 kcal, 42 g Eiweiß (29E%), 37 g Fett (54E%), 25 g Kohlenhydrate (17E%). Dieses Hauptgericht liefert 128 kcal pro 100 g.

Kosten: Pro Portion etwa 1,65 Euro.

Für 4–5 Pfannkuchen

LOGI-Pfannkuchen mit gemahlenen Mandeln für deftige Speisen. 120 ml Vollmilch (3,5 % Fett). 2 Eier. 25 g Weizenmehl. 25 g fein gemahlene Mandeln. 1 TL Oliven- oder Rapsöl. Salz. 10 g Butter zum Ausbacken.

Die Milch mit den Eiern verquirlen. Mehl und gemahlene Mandeln mischen und nach und nach unter Rühren zugeben. Das Öl und 1 Prise Salz unterrühren. Den Teig 10 Minuten quellen lassen. In einer beschichteten Pfanne etwa ein Viertel der Butter zerlassen. 2 EL Teig hineingeben und den Pfannkuchen von beiden Seiten backen. Herausnehmen, in Alufolie einschlagen. Aus dem restlichen Teig auf dieselbe Weise noch 3–4 Pfannkuchen backen.

TIPP *Die Mandeln gegebenenfalls erneut vermahlen, sodass sie wirklich staubfein sind.*

Mandeln statt Mehl sorgen für den Kohlenhydrat-Spareffekt : Eine Portion dieser Pfannkuchen ist im Vergleich mit einer Portion Eierpfannkuchen um 68 Prozent kohlenhydratärmer.

KOHLEN HYDRATE SPAREN

1 Pfannkuchen mit gemahlenen Mandeln (75 g): ca. 145 kcal, 6 g Eiweiß (18E%), 11 g Fett (64E%), 7 g Kohlenhydrate (18E%). Dieses Hauptgericht liefert 193 kcal pro 100 g.

Kosten: Pro Portion etwa 0,20 Euro.

Für 4–5 Pfannkuchen

LOGI-Pfannkuchen laktose- und eifrei mit Kichererbsenmehl. 100 g Kichererbsenmehl. 300 ml eiskaltes Wasser. 1 EL Olivenöl. Salz. 1 EL Rapsöl.

Das Kichererbsenmehl mit dem Wasser klumpenfrei verrühren. Olivenöl und ½ TL Salz einrühren. Eine beschichtete Pfanne mit etwas Rapsöl ausstreichen und erhitzen. Eine kleine Kelle voll Pfannkuchenteig in die Pfanne geben und den Pfannkuchen bei schwacher Hitze auf beiden Seiten backen. Herausnehmen, in Alufolie einschlagen. Aus dem restlichen Teig auf dieselbe Weise noch 3–4 Pfannkuchen backen.

TIPP *Diese Variante ist für Personen mit Laktoseintoleranz und Kuhmilch- beziehungsweise Ei-Eiweiß-Allergie geeignet.*

Kichererbsenmehl statt Weizenmehl sorgt für einen Kohlenhydrat-Spareffekt von 50 Prozent gegenüber einer Portion Eierpfannkuchen.

KOHLEN HYDRATE SPAREN

1 Laktose- und eifreier Pfannkuchen mit Kichererbsenmehl (75 g): ca. 130 kcal, 5 g Eiweiß (15E%), 8 g Fett (50E%), 11 g Kohlenhydrate (35E%). Dieses Hauptgericht liefert 173 kcal pro 100 g.

Kosten: Pro Portion etwa 0,15 Euro.

Für 4–5 Pfannkuchen

LOGI-Pfannkuchen aus Kichererbsenmehl. **100 g Kichererbsenmehl. 150 ml Vollmilch (3,5% Fett). 50 ml eiskaltes Wasser. 3 Eier. 1 TL Olivenöl. Salz. 1 EL Butter oder Öl zum Ausbacken.**

Das Kichererbsenmehl mit der Milch und dem Wasser klumpenfrei verrühren. Die Eier verquirlen und unterziehen. Öl und ½ TL Salz einrühren. Eine beschichtete Pfanne mit etwas Butter oder Öl ausstreichen und erhitzen. Eine kleine Kelle Pfannkuchenteig in die Pfanne geben und den Pfannkuchen bei schwacher Hitze auf beiden Seiten backen. Vorsicht: Ist die Temperatur zu hoch, wird der Pfannkuchen außen schnell dunkel und innen weich. Herausnehmen, in Alufolie einschlagen. Aus dem restlichen Teig auf dieselbe Weise noch 3–4 Pfannkuchen backen.

KOHLEN HYDRATE SPAREN

Kichererbsenmehl statt Weizenmehl sorgt für einen Kohlenhydrat-Spareffekt von 64 Prozent gegenüber einer Portion Eierpfannkuchen.

1 Pfannkuchen aus Kichererbsenmehl (75 g): ca. 130 kcal, 7 g Eiweiß (23E%), 7 g Fett (50E%), 9 g Kohlenhydrate (26E%). Dieses Hauptgericht liefert 173 kcal pro 100 g.

Kosten: Pro Portion etwa 0,35 Euro.

TEIGWAREN.
PIZZA, PASTA, BROT? JA!

Für 4–5 Pfannkuchen

LOGI-Pfannkuchen mit Haselnüssen für süße Speisen.

2 Eier. 120 ml fettarme Milch (1,5 % Fett). 25 g Mehl. 25 g fein gemahlene Haselnüsse. 1 TL zerlassene Butter oder Haselnussöl. Salz. 1 TL Honig oder Honig oder 1 Päckchen Vanillezucker. 10 g Butter.

Die Milch mit den Eiern verquirlen. Mehl und gemahlene Haselnüsse mischen und nach und nach unter Rühren zugeben. Butter oder Haselnussöl und 1 Prise Salz sowie Honig, Honig oder Vanillezucker unterrühren. Den Teig 10 Minuten quellen lassen. In einer beschichteten Pfanne etwa ein Viertel der Butter zerlassen. 2 EL Teig hineingeben und den Pfannkuchen bei schwacher Hitze auf beiden Seiten backen. Herausnehmen, in Alufolie einschlagen. Aus dem restlichen Teig auf die gleiche Weise noch 3–4 Pfannkuchen backen.

TIPP ***Kratzen Sie das Mark einer Vanilleschote in den Teig, das macht ihn noch aromatischer.***

Nüsse statt Mehl sorgen für einen Kohlenhydrat-Spareffekt von 68 Prozent.

KOHLEN HYDRATE SPAREN

1 Pfannkuchen mit Haselnüssen (75 g): ca. 150 kcal, 7 g Eiweiß (18E%), 11 g Fett (62E%), 7 g Kohlenhydrate (20E%). Dieses Hauptgericht liefert 200 kcal pro 100 g.

Kosten: Pro Portion etwa 0,20 Euro.

Einfach himmlisch leicht!

Für 1 Springform, etwa 8–10 Stücke

Beerentraum. 500 g TK-Beerenmischung. 500 g Ricotta. 250 g Magerquark. 4 Eier. 1 Päckchen Vanillezucker. 1 TL Honig. 50 g Mehl. 1 TL Kokosflocken. Etwas Butter zum Einfetten.

Die Beerenfrüchte zum Auftauen in ein Sieb geben und bei Zimmertemperatur mindestens 1 Stunde antauen lassen. Dann den Backofen auf 180° (Umluft 160°) vorheizen. Eine Springform (Durchmesser 26 cm) mit Butter einfetten. Den Ricotta mit dem Quark, den Eiern, Vanillezucker und dem Honig gut verrühren. Das Mehl unterrühren. Die Hälfte der Beeren unter diesen Teig heben. In die Kuchenform gießen und die restlichen Beeren gleichmäßig darauf verteilen. Den Kuchen im vorgeheizten Ofen (Mitte) 35–40 Minuten backen. Den Kuchen herausnehmen, erkalten lassen und mit Kokosflocken bestreuen.

TIPP *Statt der TK-Beerenmischung können Sie auch frische Blaubeeren verwenden.*

KOHLENHYDRATE SPAREN

Dank Ricotta und Quark als Hauptzutaten bleibt die Kohlenhydratmenge niedrig. Die Eiweißträger sorgen für figurfreundliches Volumen und senken die Energiedichte um 32 Kalorien pro 100 Gramm. Der Kohlenhydrat-Spareffekt ist fantastisch: Im Vergleich zu einer klassischen Käse-Sahne-Torte sparen Sie bei Genuss eines Stückes Beerentraum 71 Prozent Kohlenhydrate. Das sind insgesamt 20 Gramm Kohlenhydrate pro Stück, was wiederum einer Scheibe Brot (45 Gramm) entspricht.

1 Stück Beerentraum (130 g): ca. 155 kcal, 10 g Eiweiß (26E%), 9 g Fett (54E%), 8 g Kohlenhydrate (20E%). Dieser Kuchen liefert 120 kcal pro 100 g.

Kosten: Pro Portion etwa 0,50 Euro.

Auch als Variante mit Zwetschgen absolut köstlich!

Für 1 Springform, etwa 8–10 Stücke

Apfel-Käsekuchen. **20 g Rosinen. 1 EL Rum. 1 Vanilleschote. 2 Eier. 250 g Ricotta. 150 g Magerquark. 1 Päckchen Vanillezucker. 1 TL Honig. 20 g Weizenmehl plus etwas Mehl für die Form. 30 g gemahlene Mandeln (oder Haselnüsse). 3 Boskop-Äpfel. 25 g Pecannüsse oder Walnüsse. ½ TL Zimt. Etwas Butter zum Einfetten.**

Den Backofen auf 180° (Umluft 160°) vorheizen. Die Rosinen im Rum einweichen. Das Mark der Vanilleschote herauskratzen. Eine Springform (Durchmesser 26 cm) dünn mit Butter einfetten und mit wenig Mehl bestäuben. Die Eier verquirlen. Ricotta, Quark, Vanillezucker, Vanillemark und den Honig unterrühren. Das Mehl und die Mandeln rasch unterrühren. Den Kuchenteig in die vorbereitete Form gießen. Die Äpfel schälen, vierteln, das Kerngehäuse herausschneiden und die Äpfel in Schnitze schneiden. Fächerartig, dicht nebeneinander auf dem Kuchen anordnen. Im vorgeheizten Ofen (Mitte) 15 Minuten backen. Inzwischen die Nüsse hacken, die Rumrosinen abtropfen lassen. Den Käsekuchen aus dem Ofen nehmen, die Rumrosinen und die Nüsse darauf verteilen und alles mit Zimt bestäuben. Den Kuchen weitere 20 Minuten backen.

TIPP! *Statt Äpfel können Sie auch Zwetschgen verwenden. Den Ricotta können Sie durch Frischkäse (45 % Fett i. Tr.), die gemahlenen Mandeln durch gemahlene Haselnüsse und die Pecannüsse durch Mandeln ersetzen.*

KOHLEN HYDRATE SPAREN

Um Mehl zu sparen, werden gemahlene Mandeln und Ricotta verwendet. Der Zucker wurde reduziert, die gebackenen Äpfel sorgen für eine angenehme Süße. Der Kohlenhydrat-Spareffekt ist enorm: Ein Stück Apfel-Käsekuchen enthält mindestens 50 Prozent weniger Kohlenhydrate und Kalorien als ein Stück traditioneller Käsekuchen.

1 Stück Apfel-Käsekuchen (100 g): ca. 140 kcal, 6 g Eiweiß (17E%), 8 g Fett (51E%), 10 g Kohlenhydrate (30E%), 0,3 g Alkohol (2E%). Dieser Kuchen liefert 140 kcal pro 100 g.

Kosten: Pro Portion etwa 0,60 Euro.

Für 1 Brownieform, 9 Stücke

Rotkäppchen-Schnitten. 3 Blatt weiße Gelatine. 300 g Vollmilchjoghurt (3,5 % Fett). 200 g griechischer Joghurt (10 % Fett). 1 Vanilleschote. 1 Päckchen Vanillezucker. Vanillearoma. 150 g weiche Mango (geschält gewogen). 200 g TK-Erdbeeren oder TK-Himbeeren. 2 Blatt rote Gelatine.

Die weiße Gelatine 5 Minuten in kaltem Wasser einweichen. Den Vollmilchjoghurt und den griechischen Joghurt in einen hohen Rührbecher geben. Das Mark der Vanilleschote auskratzen. Mit ½ Päckchen Vanillezucker und einigen Tropfen Vanillearoma unter den Joghurt rühren. Die Mango schälen, das Fruchtfleisch vom Kern lösen. Die Mango würfeln, pürieren und unter den Joghurt ziehen. Die Gelatineblätter leicht ausdrücken und in einem kleinen Topf bei geringer Hitzezufuhr erwärmen, bis sich die Gelatine aufgelöst hat. Dann zügig 2 EL der Mango-Joghurt-Creme einrühren und diese Mischung sofort unter die Joghurtcreme rühren. Eine Brownieform (etwa 22 cm x 22 cm) dünn mit Butter einfetten. Den Teig darin gleichmäßig verteilen. Mindestens 2 Stunden kalt stellen. Frühestens nach 1 ½ Stunden die Erdbeeren antauen lassen. Nach 30 Minuten mit dem restlichen Vanillezucker pürieren. Nach Geschmack mit wenig Vanillearoma verfeinern. Die rote Gelatine 5 Minuten in kaltem Wasser einweichen. Die Gelatine ausdrücken und wie beschrieben erwärmen. 2 EL Erdbeerpüree hineinrühren, diese Mischung zügig unter das Erdbeerpüree rühren. Dieses auf die erkaltete Joghurt-Mango-Creme gießen und gleichmäßig verteilen. Noch einmal mindestens 2 Stunden kühl stellen.

TIPP *Sie können auch einfach pürierte Erdbeeren zur Joghurtcreme servieren.*

1 Portion Rotkäppchen-Schnitten (107 g): ca. 75 kcal, 4 g Eiweiß (16E%), 4 g Fett (45E%), 7 g Kohlenhydrate (39E%). Dieses Dessert liefert nur 70 kcal pro 100 g.

Kosten: Pro Portion etwa 0,80 Euro.

SEITE 183

2 FÜR **Schnelles Himbeersorbet.** **250 g TK-Himbeeren oder TK-Erdbeeren. 2–3 frische Minzeblättchen. 1 TL Honig. 4 EL griechischer Joghurt. 2 TL Kokosraspel.**

Die gefrorenen Beeren mit einem Stabmixer in einem hohen Rührbecher cremig pürieren. Falls das Sorbet noch zu eisig ist, 1 EL Wasser zugeben und weitermixen, bis eine sorbetähnliche Konsistenz entsteht. Die Minzeblättchen waschen, trocken tupfen, sehr fein hacken. Zusammen mit dem Honig unter das Sorbet rühren. Das Himbeersorbet in zwei Gläser verteilen. Jeweils 2 EL griechischen Joghurt darauf klecksen. Mit Kokosraspel und Minze garnieren.

1 Portion Schnelles Himbeersorbet (183 g): ca. 140 kcal, 6 g Eiweiß (17E%), 9 g Fett (53E%), 10 g Kohlenhydrate (30E%). Dieses Dessert liefert nur 78 kcal pro 100 g.

Kosten: Pro Portion etwa 1,05 Euro.

4 FÜR **Erdbeer-Joghurt-Eis.** **150 g Erdbeeren. 150 g Naturjoghurt (3,5 % Fett). 1 Päckchen Vanillezucker. 150 g Schlagsahne.**

Die Erdbeeren behutsam waschen, trocken tupfen und entkelchen. Mit dem Joghurt und dem Vanillezucker pürieren. Die Sahne steif schlagen und unter die Erdbeercreme heben. In eine Kunststoffdose mit Deckel füllen, verschließen und in den Gefrierschrank stellen. Die Joghurt-Erdbeer-Mousse alle 30 Minuten mit einem Schneebesen gut umrühren, damit sich keine Eiskristalle bilden. Insgesamt muss das Eis etwa 4 Stunden lang gefrieren und dabei regelmäßig umgerührt werden.

Eine Eismaschine vereinfacht die Herstellung: Die Joghurt-Erdbeer-Mousse im Gefrierfach 10–20 Minuten abkühlen lassen, noch einmal gut durchrühren und in der Eismaschine in 20–40 Minuten gefrieren lassen.

Tipp *Für ein leichteres Sommerdessert können Sie Sahne und Naturjoghurt durch 300 g griechischen Joghurt ersetzen.*

1 Portion Erdbeer-Joghurt-Eis (127 g) liefert: ca. 160 kcal, 3 g Eiweiß (9E%), 13 g Fett (73E%), 7 g Kohlenhydrate (18E%). Dieses Dessert liefert 126 kcal pro 100 g.

Kosten: Pro Portion etwa 0,35 Euro.

Schmeckt auch mit Zwetschgenkompott (Seeite 180)

4 FÜR

Kokospancakes mit Apfelmus. 5 Äpfel (zum Beispiel Boskop, etwa 750 g). 1 Zitrone. 1/4 TL Zimt. 2 Eier. 40 ml Kokosmilch. 70 ml fettarme Milch (1,5 % Fett). 30 g Kokosmehl. 1 TL Honig. 1 TL Haselnussöl. 1 Prise Salz. 1 Msp. Backpulver. 15 g gehackte Pecannüsse. 15 g Butter. 1 EL Kokosraspel.

Die Äpfel schälen, vierteln, das Kerngehäuse herausschneiden und würfeln. In einem Topf 1/2 Tasse Wasser (etwa 60 ml) erhitzen und die Äpfel darin bei geringer Hitze etwa 10 Minuten garen. Den Saft der Zitrone auspressen. Die Äpfel in einem Sieb abtropfen lassen, in einen Rührbecher geben und mit 1/2–1 TL Zitronensaft pürieren. Mit Zimt abschmecken und im Kühlschrank abkühlen lassen. Die Eier mit der Kokosmilch und der Milch verquirlen. Nach und nach das Kokosmehl unterrühren. Mit dem Honig, Haselnussöl, 1 Prise Salz und dem Backpulver zu einem glatten Teig verrühren. Kurz quellen lassen. Inzwischen die Pecannüsse in einer beschichteten Pfanne ohne Fett anrösten bis sie duften. Beiseite stellen. Danach 1 TL Butter in der Pfanne erhitzen. Pro Pancake 2 EL Teig hineingeben (für etwa 10 cm große Pancakes). Die Temperatur reduzieren und in jeweils etwa 6 Minuten goldbraune Pancakes ausbacken, dabei zweimal wenden. Die Pancakes mit Pecannüssen und Kokosrapseln bestreuen und mit dem Apfelmus servieren.

TIPP *Bei Laktoseintoleranz oder Kuhmilcheiweißallergie können Sie anstelle der Milch auch verdünnte Kokosmilch verwenden (50 ml Kokosmilch plus 20 ml Wasser).*

KOHLEN HYDRATE SPAREN

Statt Weizenmehl wird Kokosmehl verwendet. Kokosmehl ist entölt und dadurch vergleichsweise energiearm. Der Kohlenhydratgehalt liegt bei 4 Gramm pro 100 Gramm, Weizenmehl liefert 70 Gramm pro 100 Gramm. Pancakes aus Kokosmehl mit Apfelmus liefern pro Portion 50 Prozent weniger Kohlenhydrate als eine Portion traditioneller Pancakes mit Apfelmus.

1 Portion Kokospancakes mit Apfelmus (268 g): ca. 265 kcal, 8 g Eiweiß (13E%), 16 g Fett (51E%), 25 g Kohlenhydrate (36E%). Dieses Dessert liefert 100 kcal pro 100 g.

Kosten: Pro Portion etwa 1,05 Euro.

4 FÜR

Kaiserschmarrn mit Kompott. **450 g Zwetschgen oder Pflaumen. 15 g Rosinen. 2 Eier. 100 ml fettarme Milch (1,5 % Fett). 20 g Weizenmehl. 25 g gemahlene Haselnüsse. 1 Prise Salz. 1 EL Honig. 40 g Frischkäse oder Ricotta. 1 Eiweiß. 10 g Butter. 1 EL Kokosraspeln.**

Die Zwetschgen waschen, entkernen und vierteln. In einem Topf mit 80 ml Wasser 15 Minuten zu Mus einkochen lassen. In der Zwischenzeit die Rosinen in lauwarmem Wasser einweichen. Die Eier schaumig schlagen. Die Milch unterrühren. Mehl, gemahlene Haselnüsse und 1 Prise Salz mischen. Unter Rühren zum Eierschaum hinzufügen und alles zu einem glatten Teig verquirlen. Den Honig mit Frischkäse oder Ricotta sowie etwas Wasser schaumig rühren. Unter den Teig heben. Das Eiweiß steif schlagen und ebenfalls unterheben. Die Rosinen unterziehen. Die Hälfte der Butter in einer beschichteten Pfanne schmelzen lassen. Die Hälfte des Teigs in die Pfanne gießen und bei niedriger Temperatur einen Pfannkuchen ausbacken. Nach 3 Minuten wenden und weitere 2–3 Minuten backen. Wenn der Teig von beiden Seiten goldbraun ist, herausnehmen und auf einem Teller zerpflücken. Ebenso mit dem zweiten Pfannkuchen verfahren. Den Kaiserschmarrn mit dem Zwetschgenmus servieren und mit Kokosraspeln bestreuen.

TIPP *Schmeckt und sättigt auch als Hauptmahlzeit für zwei Personen.*

KOHLENHYDRATE SPAREN

Dank Eiern, Ricotta und gemahlener Mandeln kommt der Kaiserschmarrn mit wenig Mehl aus. Der daraus resultierende Kohlenhydrat-Spareffekt überzeugt: Eine Portion Kaiserschmarrn mit Zwetschgenkompott enthält 50 Prozent weniger Kohlenhydrate und rund 150 Kilokalorien weniger als eine Portion des traditionellen Originals.

1 Portion Kaiserschmarrn mit Kompott (210 g): ca. 230 kcal, 9 g Eiweiß (18E%), 12 g Fett (46E%), 21 g Kohlenhydrate (36E%). Dieses Dessert liefert 111 kcal pro 100 g.

Kosten: Pro Portion etwa 0,55 Euro.

SEITE 187

INFO · INFO · INFO · INFO · INFO · INFO · INFO

Franca Mangiameli hat das Rezept für die LOGI-gerechte Donauwelle einfach entwickeln müssen, denn sie liebt Donauwellen. Doch der Prototyp kam gar nicht so gut an: Ein Brunch mit Freunden schien die perfekte Gelegenheit, sich objektive Meinungen einzuholen. Stolz auf die täuschend echt aussehende Donauwelle wartete sie gespannt auf die Reaktion ihrer nichtsahnenden Gäste. Doch die Freude am vermeintlich gelungenen Rezept währte nicht lange: »Da ist ja gar kein Zucker drin, bäh!!!« Es zeigte sich wieder einmal, wie gut es ist, echte Freunde zu haben, die mit ihrer Meinung nicht hinter dem Berg halten. Erst ihr guter Freund und hervorragender Koch Boris Frackenpohl hatte den entscheidenden Tipp fürs Gelingen der LOGI-gerechten Donauwelle: Frisch püriertes Mangomus in der Creme und Kirschstückchen im Teig verleihen dem Kuchen eine feine Süße.

Für 9 Stücke

Donauwellen. 150 g Schattenmorellen (aus dem Glas). 3 Eier. 1 Päckchen Vanillezucker. 1 TL Honig. 80 g Frischkäse (Viertelfettstufe). 100 g Magerquark. Vanillearoma. 20 g Weizenmehl. 80 g gemahlene Mandeln. ½ TL Backpulver. 1 Prise Salz. 1 EL Kakaopulver. Etwas Butter zum Einfetten. 4 Blatt weiße Gelatine. 300 g Vollmilchjoghurt (3,5 % Fett). 100 g Magerquark. 1 Vanilleschote. 1 TL Honig. 1 reife Mango (alternativ auch 2 reife Pfirsiche). 100 g kalte Sahne. ½ Päckchen Sahnesteif. 75 g Zartbitterschokolade (70 % Kakaoanteil).

Den Backofen auf 175° (keine Umluft) vorheizen. Die Kirschen gut abtropfen lassen und die Hälfte sehr fein würfeln. Für den Kuchenteig die Eier trennen. Die Eiweiße steif schlagen. Die Eigelbe, den Vanillezucker und den Honig cremig verschlagen. Frischkäse, Magerquark und einige Tropfen Vanillearoma unterrühren. Mehl, gemahlene Mandeln, Backpulver, 1 Prise Salz und 1 EL Kakaopulver, schwach gehäuft, mischen und unter Rühren zugeben. Zu einem glatten Teig verrühren. Das Eiweiß vorsichtig unterheben. Die Kirschwürfelchen unterziehen. Ein kleines Backblech (ca. 20 cm x 24 cm) dünn mit Butter einfetten und darauf gießen. Die restlichen Kirschen darauf verteilen. Im vorgeheizten Ofen (Mitte) 25–30 Minuten backen. Anschließend gut abkühlen lassen.

Für die Joghurtcreme die Gelatine 5 Minuten in kaltem Wasser einweichen. Den Joghurt in einem Rührbecher mit dem ausgekratzten Mark der Vanilleschote, wenigen Tropfen Vanillearoma und dem Honig verrühren. Die Mango schälen, das Fruchtfleisch vom Stein lösen und würfeln. Zum Joghurt geben und fein pürieren. Abschmecken. Die gut gekühlte Sahne in einem hohen Rührbecher kurz anschlagen.

Das Sahnesteif hinzufügen und die Sahne steif schlagen; kalt stellen. Die Gelatine ausdrücken und in einem kleinen Topf bei schwacher Hitzezufuhr erwärmen, bis sie sich aufgelöst hat. Dann zügig 2 EL der Joghurtcreme einrühren und diese Mischung sofort unter die Joghurtcreme rühren. Die Sahne unterheben. Diese Creme auf dem erkalteten Kuchenboden verteilen. Im Kühlschrank mindestens 1 Stunde kalt stellen, damit die Creme fest werden kann.

Einen kleinen Topf zur Hälfte mit Wasser füllen. Die Zartbitterschokolade in eine Tasse bröckeln. Diese ins Wasserbad stellen und die Schokolade bei mittlerer Hitzezufuhr schmelzen lassen. Die flüssige Schokolade gleichmäßig und dünn auf der erstarrten Joghurtcreme verteilen und die Donauwelle für weitere 2 Stunden kalt stellen.

Tipp

Schokolade im Wasserbad nie zu lange erhitzen, da sie sonst beim Erkalten sehr fest wird.

KOHLENHYDRATE SPAREN

Statt wie in Donauwellen Puddingcreme zu verwenden, wird diese mit Joghurtcreme und Mango zubereitet. Für zuckerfreie Süße sorgen die Kirschen. Gemahlene Mandeln, Quark und Frischkäse ersetzen das Mehl. Daraus ergibt sich ein Kohlenhydrat-Spareffekt von 75 Prozent Kohlenhydraten und 50 Prozent Kilokalorien gegenüber einem Stück Donauwelle nach traditionellem Rezept.

1 Portion Donauwellen (80 g): ca. 130 kcal, 8 g Eiweiß (17E%), 5 g Fett (55E%), 9 g Kohlenhydrate (28E%). Dieser Kuchen liefert 162 kcal pro 100 g.

Kosten: Pro Portion etwa 0,85 Euro.

Dies ist eines von vier leckeren Rezepten, die Eva Herkner aus Wien für das neue LOGI-Kochbuch entwickelt hat.

2 FÜR **Mousse von schwarzen Johannisbeeren.** 150 g schwarze Johannisbeeren. 2 Blatt weiße Gelatine. 75 g Quark (20 % Fett i. Tr.). 20 g Honig. Etwas Saft und abgeriebene Schale einer unbehandelten Zitrone. 1 Eiweiß. 1 Prise Salz. 30 g Sahne.

Die Johannisbeeren waschen, 2 Rispen zur Dekoration beiseite legen. Die übrigen Beeren mit einer Gabel von den Rispen streifen. Mit 30–50 ml Wasser in einem Topf unter ständigem Rühren 2–3 Minuten köcheln lassen. Die Beeren pürieren und durch ein feines Sieb passieren. Erkalten lassen. Die Gelatine in kaltem Wasser 5 Minuten einweichen. Den Quark mit dem Johannisbeerpüree, dem Honig, 1 Spritzer Zitronensaft und nach Geschmack Zitronenschale gut verrühren. Die Gelatine ausdrücken und in einem kleinen Topf bei schwacher Hitzezufuhr erwärmen, bis sie sich aufgelöst hat. Dann zügig 2 EL der Beerencreme einrühren und diese Mischung sofort unter die Beerencreme rühren. Das Eiweiß mit Salz zu Schnee schlagen. Die Sahne steif schlagen. Zunächst die Sahne, dann den Eischnee unter die Beerencreme ziehen. Die Mousse in eine kleine Glasschale geben und zugedeckt mindestens 2 Stunden kühl stellen. Mit den Johannisbeerrispen servieren.

TIPP *Statt frischer Johannisbeeren können Sie auch TK-Beeren verwenden.*

1 Portion Mousse von schwarzen Johannisbeeren (157 g): ca. 155 kcal, 11 g Eiweiß (27E%), 6 g Fett (38E%), 13 g Kohlenhydrate (35E%). Dieses Dessert liefert nur 99 kcal pro 100 g.

Kosten: Pro Portion etwa 0,75 Euro.

Dieses Rezept wurde von Theresa Schöttl aus Gießen entwickelt. Sie hat ein Praktikum in der Praxis für Ernährungsberatung von Franca Mangiameli gemacht und ist restlos begeistert von der LOGI-Methode. Da sie bei der Rezeptentwicklung viel Talent bewies, hat sich das Praxisteam gerne zum Probieren geopfert. Dank an Theresa!

Nussig und fruchtig!

Für ca. 12 Stück

Saftige Apfel-Kücherl. 1 kleiner Apfel (zum Beispiel Boskop; etwa 125 g). 1 Möhre (etwa 175 g). 4 Eier. 25 g Butter. 1 Päckchen Vanillezucker. 1 Prise Salz. 150 g Magerquark. 80 g gemahlene Mandeln. 20 g Haferkleie. 2 TL Backpulver. 1 TL Zimt. 15 g Mandelblättchen. 25 g Zartbitterschokolade (70 % Kakaoanteil). 12 Muffin-Papierbackförmchen.

Den Backofen auf 175° (Umluft) vorheizen. Den Apfel schälen, vierteln und das Kerngehäuse herausschneiden. Die Möhre putzen, waschen. Apfel und Möhre fein raspeln. Die Eier trennen. Die Eigelbe mit Butter, Vanillezucker und Salz cremig rühren. Den Magerquark unterschlagen. Die Mandeln mit Haferkleie, Backpulver und Zimt mischen. Unter Rühren zur Eiercreme geben und zu einem glatten Teig verrühren. Die Möhren- und Apfelraspel unterziehen. Die Eiweiße steif schlagen und unterheben. Den Teig gleichmäßig in Muffin-Papierförmchen oder die gefetteten Vertiefungen einer Muffinform verteilen. Im vorgeheizten Ofen etwa 20 Minuten backen. Herausnehmen und auskühlen lassen. Inzwischen die Mandeln in einer Pfanne ohne Fett rösten bis sie duften. Einen kleinen Topf zur Hälfte mit Wasser füllen. Die Zartbitterschokolade in eine Tasse bröckeln. Diese ins Wasserbad stellen und die Schokolade bei mittlerer Hitzezufuhr schmelzen lassen. Die erkalteten Kücherl mittig mit etwas flüssiger Schokolade bestreichen und mit gerösteten Mandeln bestreuen.

TIPP · TIPP · TIPP

Die geraspelten Karotten und Äpfel vor dem Einrühren in den Teig mehrmals mit einem Tuch abtupfen. Das entzieht ihnen Feuchtigkeit und lässt die Kücherl luftiger werden. Zum Backen die mit Teig gefüllten Papierförmchen am besten in ein Muffinblech stellen oder zwei Papierförmchen pro Küchlein verwenden. Andernfalls können die Kücherl in den dünnen Papierförmchen leicht aus der Form geraten, da der Teig relativ schwer und flüssig ist.

1 Portion Saftige Apfel-Kücherl (ca. 70 g): ca. 130 kcal, 6 g Eiweiß (20E%), 9 g Fett (62E%), 6 g Kohlenhydrate (18E%). Diese Kücherl liefern 186 kcal pro 100 g.

Kosten: Pro Portion etwa 0,30 Euro.

»Eine italienische Verführung«

4 FÜR **Ricottakrapfen mit Trauben.** **Je 125 g weiße und blaue Weintrauben. 1 EL Traubensaft. 1 Ei. 100 g Ricotta. 25 g Magerquark. 1 TL Honig. 1 EL Mehl. 1 EL gemahlene Mandeln. 100 g Frittierfett. 1 EL Weiß- oder Rotwein. 10 g Kokosraspeln.**

Die Weintrauben heiß waschen, kalt abschrecken, halbieren und entkernen. In einem Topf den Traubensaft und die Trauben bei mittlerer Hitze in etwa 10 Minuten einkochen lassen. Dabei gelegentlich umrühren. Warm halten. Das Ei trennen. Das Eiweiß steif schlagen. Das Eigelb mit Ricotta, Magerquark, Honig, Mehl und Mandeln gut verrühren. Den Eischnee vorsichtig unterheben. In einem kleinen hohen Topf das Frittierfett erhitzen. Mit einem Esslöffel Bällchen aus dem Ricotta-Teig formen und ins Frittierfett gleiten lassen. Rundum goldbraun ausbacken, auf Küchenkrepp legen, damit überschüssiges Fett aufgesaugt wird. Den Wein zu den Weintrauben geben und diese einmal kurz aufkochen lassen. Die Ricottakrapfen mit den heißen Trauben und Kokosraspeln servieren.

TIPP · TIPP · TIPP · TIPP

Die Ricottakrapfen haben nur geringfügig weniger Kalorien als herkömmliche Quarkkrapfen. Deshalb sind sie zum Sattessen nicht geeignet. Als kleines Dessert nach einem leckeren Salat sind sie allerdings eine hervorragende kohlenhydratarme Leckerei!

Möchten Sie den Energiegehalt der Ricottakrapfen reduzieren, ersetzen Sie 100 Gramm Ricotta durch 100 Gramm Magerquark. So sparen Sie 50 Kalorien pro Portion.

1 Portion Ricottakrapfen mit Trauben (128 g): ca. 230 kcal, 6 g Eiweiß (12E%), 17 g Fett (63E%), 14 g Kohlenhydrate (24E%), < 1 g Alkohol (1E%). Dieses Dessert liefert 180 kcal pro 100 g.

Kosten: Pro Portion etwa 1,40 Euro.

WARENKUNDE.

Sowohl im ersten als auch im zweiten großen LOGI-Kochbuch verzichten wir bei den Desserts auf den Einsatz von Zuckerersatzstoffen wie Süßstoff oder Zuckeraustauschstoff. Das liegt daran, dass wir es befürworten, einfach wieder »süßer zu werden«, statt die Geschmacksschwelle für süß durch den Konsum von Zucker- und Zuckerersatzstoffen immer weiter nach oben zu treiben. Das bedeutet nämlich im Klartext, dass immer mehr Zucker oder Süßstoff-Pillchen eingesetzt werden müssen, um Kaffee oder Dessert auch als süß genug zu empfinden.

Süßstoffe ja oder nein? Natürlich werden wir immer wieder gefragt, ob Süßstoffe krank und dick machen. Da die Studienergebnisse nicht eindeutig sind, können wir Ihnen nur aktuelle Erkenntnisse nennen. Ob Sie zu Süßstoffen greifen oder nicht, müssen Sie selbst entscheiden. Immer wieder rütteln Schlagzeilen zu den gesundheitsschädlichen Folgen von Süßstoffen das Bewusstsein für eine mögliche Gesundheitsgefährdung durch selbige wach. Doch diese Meldungen verschwinden meist auch rasch wieder aus den Medien – und damit aus dem Bewusstsein, weil Gegenstudien das Studienergebnis widerlegen. Sprich: Genaues weiß man nicht. 2008 wurde zum Beispiel eine Studie zum Süßstoff Aspartam veröffentlicht, die Hinweise anführte, dass ein hoher Verzehr von Aspartam zu Hirn- und Nervenschädigungen führt.

Weiterhin wurde 2008 eine Studie veröffentlicht, die den dick machenden Effekt von Süßstoffen belegte: Die Studie wurde an Mäusen durchgeführt und offenbarte, dass der Verzehr von Süßstoffen die Verdauung stört und somit die Nährstoffe aus der Nahrung nicht richtig ausgenutzt werden können. Der dadurch entstehende Mangel an Energie löst ein Verlangen nach weiterer Nahrung aus, signalisiert dem Körper Hunger. Zumindest bei den Mäusen hat dieser Effekt zu einer Steigerung der Nahrungsaufnahme geführt. Offen bleibt, ob dieser Effekt auch beim Menschen nachzuweisen ist.

SEITE 193

In älteren Studien konnte bis dahin kein Zusammenhang zwischen Süßstoffkonsum und gesteigerter Nahrungsaufnahme dargelegt werden. Ein oft zitiertes Argument gegen den Süßstoffkonsum ist, dass Schweine mit Süßstoffen gemästet werden. »Und was beim Schwein funktioniert, funktioniert auch beim Menschen.« Was ist dran? Süßstoffe werden zwar tatsächlich in der Schweinezucht verwendet, allerdings nur während der kurzen Phase, in der die Ferkel von Muttermilch auf Festfutter umgestellt werden. Das Futter soll dadurch schmackhafter gemacht werden. In der Mast selbst werden Süßstoffe nicht eingesetzt, so die Aussagen des Instituts für Tierernährung. Wahrscheinlich reichen hier die Kohlenhydrate im Futter aus, um das Schwein richtig zum Fressen anzuheizen. Last but not least ist und bleibt der Süßstoff eine chemische Substanz, von daher soll jeder selbst entscheiden, wie viel Chemie er seinem Körper zuführen möchte oder ob es sinnvoller ist, etwas bewusster damit umzugehen.

Zuckeraustauschstoffe. Von den kalorienfreien Süßstoffen zu unterscheiden sind Zuckeraustauschstoffe wie Xylit. Sie liefern halb so viel Energie wie Zucker, aber ihre Süßkraft ist auch nicht ganz so stark ausgeprägt. Wie Süßstoffe werden Zuckeraustauschstoffe insulinunabhängig verstoffwechselt. Achtung: In Maßen sind Zuckeraustauschstoffe wie Xylit oder Sorbit harmlos. Bei höherem Verzehr können sie abführend wirken und außerdem die Energiebilanz beeinflussen. Seit 2008 auf dem Markt ist der Zuckeraustauschstoff Sukrin. Er besteht aus dem Zuckeralkohol Erythritol. Er kommt natürlich in Birnen, Melonen und Pilzen vor. Er hat den Vorteil gegenüber anderen Zuckeraustauschstoffen, dass er keine Energie liefert, eine zuckerähnliche Konsistenz und auch fast dieselbe Süßkraft wie Zucker hat. Da Sukrin im Dünndarm resorbiert wird, hat er auch keine abführende Wirkung.